新・視覚障害教育入門

青柳まゆみ・鳥山由子　編著

ジアース教育新社

新・視覚障害教育入門

目　次

前　書　き

　2012 年 9 月、私たちは、視覚障害教育を学ぶ読者にぜひ伝えたい基本的な内容をまとめた書籍『視覚障害教育入門』を制作しました。これまで、大学等で視覚障害教育関連の指導をされている先生や視覚特別支援学校（盲学校）の先生をはじめ、多くの方々にご活用いただいてまいりましたが、この度、学習指導要領の改訂等を踏まえて、書名を新たに本書を出版する運びとなりました。

　教育職員免許法では、特別支援学校教諭免許状を取得するためには、視覚障害教育に関する科目 1 単位分を履修することが必須とされています。本書は、大学の授業や免許法認定講習等のテキストとして広く活用していただくことを想定しており、以下のような構成上の工夫を行いました。

　本書では、視覚障害児の学びの場とその対象範囲、視覚の成り立ちといった基本事項に始まり、盲児・弱視児それぞれの指導の留意点、教科や自立活動の指導における配慮事項などが系統的に示されています。そして、全体を 10 ～ 15 単位時間で十分に消化できる分量としました。

　内容については、学習指導要領および解説、その他の基本資料を参考にしています。各章にはキーワードと自由記述式の復習問題を設け、理解度の確認ができるようにしました。

　さらに、各章末に文献リストを掲載しました。これは、本書を執筆するに当たって引用あるいは参考とした文献ですが、より詳しく学びたい方にぜひお読みいただきたい資料も多く含まれています。

　視覚障害児は、発生頻度からいえば特別支援教育の対象児の中では少数派です。しかし、視覚障害教育の歴史は古く、「見えない」・「見えにくい」子どもたちが保有する感覚を最大限に活用して学ぶための方法が、長年にわたる研究と実践を通して模索されてきました。新学習指導要領では、「主体的・対話的で深い学び」「体験活動の充実」といったキーワードが強調されていますが、それらには、視覚障害教育がこれまで追求し続けてきた課題と共通した狙いが多く含まれていると感じます。

　視覚障害児の成長と学びは、いかに適切な環境を整えるか、いかに適切な発達支援や教育的指導を行うかによって大きく左右されます。本書の執筆者には、視覚障害教育実践の豊富な経験者や、特別支援教育の意義を理解している当事者も含まれており、専門性に裏づけられた考え方と具体的な手立て、そして、これだけは伝えたいという思いが凝縮された 1 冊となっています。

　私たちは、視覚障害教育を学ぶ方はもちろんのこと、初めて視覚障害児を対象とする特別支援学校や学級に赴任された教員、視覚障害児の保護者、福祉・医療その他の分野で視覚障害についての理解を深めたい方など、様々な立場の方に本書をお読みいただきたいと思っております。そして、本書との出会いが視覚障害の理解の助けとなり、視覚障害教育の意義とやりがいの気づきにつながれば、執筆者一同、望外の喜びです。

　なお本書では、視覚障害のある児童生徒を対象とする学校を「視覚特別支援学校（盲学校）」と表記しました。また、法律その他のデータは、2020 年 9 月現在の情報です。

　本書に関してご意見・ご指摘等がございましたら、巻末の連絡先までお寄せください。それらを踏まえて、よりよい内容に改めていきたいと考えております。

　最後に、本書の刊行に当たっては、ジアース教育新社の加藤勝博社長と、編集部の舘野孝之氏に大変お世話になりました。この場を借りて心より御礼申し上げます。

2020 年 9 月　編著者・執筆者一同

第1章
視覚障害児と学びの場

　視覚障害とは、何らかの原因で見えにくくなったり見えなくなったりすることであり、そのことに対応できていない社会的障壁のために、将来にわたって日常生活または社会生活に相当な制限を受ける状態にある人が視覚障害者となります。ひとくちに視覚障害といっても、その状態は様々です。例えば、見えにくいけれども目を近づけてそのまま本を読む人から、点字や音声に変換して読む人までが含まれます。さらに、他の障害を併せ有している人もいます。そして、そのような様々な困難のある視覚障害児の教育のために、いくつかの形態の学びの場が用意されています。視覚障害児一人ひとりの状態に応じた適切な学びの場を選択するためには、それぞれの学びの場の特徴を理解しておくことが必要です。そこで本章では、教育や支援の対象となる視覚障害の程度について、また、視覚障害児のための学びの場について述べます。

▶ 1．教育・支援対象となる視覚障害の範囲

(1)　学校教育における視覚障害

　代表的な視覚障害児の学びの場として、視覚特別支援学校（盲学校）があります。どのくらい見えにくい人から、視覚特別支援学校（盲学校）で学んでいるのでしょうか。学校教育法施行令に、視覚特別支援学校（盲学校）への就学を検討する視覚障害の程度が示されています。

> 　両眼の視力がおおむね 0.3 未満のもの又視力以外の視機能障害が高度のもののうち、拡大鏡等の使用によっても通常の文字、図形等の視覚による認識が不可能または著しく困難な程度のもの
>
> 　　　　　　　　　　　　　　　　　　　　　　　学校教育法施行令　第 22 条の 3

　つまり、視力がおよそ 0.3 より低かったり、視野が制限されていたり、その他の原因があることで見えにくい、見えないという児童生徒は視覚特別支援学校（盲学校）で教育を受けることを検討する対象ということになります。なお、ここでいう視力とは、眼鏡やコンタクトレンズを使用した矯正視力を意味します。以後、本書に出てくる「視力」とは、断りが無い限り、矯正視力を指します。

(2)　福祉における視覚障害

　福祉制度の支援対象となる視覚障害の範囲は、身体障害者福祉法に定められています。

表1-1に示したように、障害の程度によって1級から6級までに分類されており、これに該当する人に「身体障害者手帳」が交付されます。これを見ると、視力もしくは視野の状態が基準になっていることがわかります。視力の状態を表す用語については第2章で解説しますが、視野の状態を表す用語については眼科の専門的な内容なため、本書では触れません。

表1-1　視覚障害者の等級と程度（身体障害者福祉法別表より）

1級	視力の良い方の眼の視力（万国式試視力表によって測ったものをいい、屈折異常のある者については、矯正視力について測ったものをいう。以下同じ。）が0.01以下のもの
2級	1. 視力の良い方の眼の視力が0.02以上0.03以下のもの 2. 視力の良い方の眼の視力が0.04かつ他方の眼の視力が手動弁以下のもの 3. 周辺視野角度（I/4視標による。以下同じ。）の総和が左右眼それぞれ80度以下かつ両眼中心視野角度（I/2視標による。以下同じ。）が28度以下のもの 4. 両眼開放視認点数が70点以下かつ両眼中心視野視認点数が20点以下のもの
3級	1. 視力の良い方の眼の視力が0.04以上0.07以下のもの（2級の2に該当するものを除く。） 2. 視力の良い方の眼の視力が0.08かつ他方の眼の視力が手動弁以下のもの 3. 周辺視野角度の総和が左右眼それぞれ80度以下かつ両眼中心視野角度が56度以下のもの 4. 両眼開放視認点数が70点以下かつ両眼中心視野視認点数が40点以下のもの
4級	1. 視力の良い方の眼の視力が0.08以上0.1以下のもの（3級の2に該当するものを除く。） 2. 周辺視野角度の総和が左右眼それぞれ80度以下のもの 3. 両眼開放視認点数が70点以下のもの
5級	1. 視力の良い方の眼の視力が0.2かつ他方の眼の視力が0.02以下のもの 2. 両眼による視野の2分の1以上が欠けているもの 3. 両眼中心視野角度が56度以下のもの 4. 両眼開放視認点数が70点を超えかつ100点以下のもの 5. 両眼中心視野視認点数が40点以下のもの
6級	視力の良い方の眼の視力が0.3以上0.6以下かつ他方の眼の視力が0.02以下のもの

(3)　教育における「盲」と「弱視」

　視覚障害は、大きく「盲」と「弱視」とに分かれます。端的に言えば、「見えない」と「見えにくい」との違いと言えます。以前は、視力値を基準にして盲と弱視を分けていたこともありました。しかし、視覚補助具の機能向上と普及によって、視力が非常に低くても視覚を活用して学習することが可能な人の割合が高くなってきています。また、同じ視力で

11

も他の視機能の状態によって、視覚を活用できる程度に違いがあることが、長年の教育実践や研究によって明らかになっています。それゆえ、単純に視力で分けることは適切とは言えません。むしろ、教育の方法や学習の手段の違いに基づいて定義することが適切でしょう。そこで、視覚的困難がある人のうち、主に触覚や聴覚などの視覚以外の感覚を活用し、点字を使って学習・生活する人や状態を盲、主に視覚を活用して普通の文字を使って学習・生活する人や状態を弱視とすることが妥当であると考えられます。

　実際に視覚障害児の使用文字について調べてみると、視力が0.01の児童生徒でも、視覚補助具を活用して普通の文字を用いて学習している人もいれば、点字を用いている人や両方の文字を併用している人もいます。どちらの文字が適しているか、読み書きの評価や本人の気持ちなどを踏まえて判断していく必要があります。

⑷　「弱視」と「ロービジョン」

　「弱視」という用語は、医学分野では眼の疾患名として用いられており、教育分野の弱視とは別の状態を指します。医学的弱視（amblyopia）は、生後、視覚が発達しつつある過程で、眼に適切な刺激が与えられず、視力の発達が止まってしまった状態を意味します。通常、片眼のみに生じ、もう片方の眼はよく見えるため、視覚障害とは言えない程度の見え方であることがあります。それゆえ混同を避けるために、見えにくいという困難を有する人や状態を指す用語として、「ロービジョン（low vision）」という用語が用いられるようになってきました。これから視覚障害教育を学ぶ上では、教育や福祉における「弱視」および「ロービジョン」と医学における「ロービジョン」は、「見えにくい状態や人」を指しており、医学における「弱視」は別の状態を指していると考えると良いでしょう。

⑸　重複障害

　特別支援教育では、障害を視覚障害、聴覚障害、知的障害、肢体不自由、病弱の５領域に大別しています。これらのうち複数の領域の障害を併せ有している状態を、重複障害と言います。視覚特別支援学校（盲学校）にも、視覚障害とその他の障害を併せ有する児童生徒が在籍し学んでいます。

▶2．学びの場

⑴　視覚障害児の学びの場

　学びの場とは、単に学ぶ場所という意味ではなく、どのような教育課程で学ぶのかをも意味する言葉です。視覚に障害がある子どもの学びの場には、視覚特別支援学校（盲学校）、特別支援学級（弱視学級）、通級による指導および小中学校の通常の学級があります。

(2) 特別支援学校

　学校教育法の改正に伴い、2007（平成19）年4月1日より、盲学校、聾学校、養護学校は「特別支援学校」になりました。ただし、学校名については専門領域を示す名称を用いることができるため、従来の盲学校は、特別支援学校、視覚特別支援学校、視覚支援学校、盲学校等の名称になっています。なお、本書では、「視覚特別支援学校（盲学校）」と表記します。

　視覚特別支援学校（盲学校）では、特別支援教育（視覚障害領域）の教員免許状を有した教員が、視覚障害に配慮した環境の下で、視覚障害に対応した指導法と教材を用いて専門的な教育を行います。また、幼・小・中学部および高等部普通科の他に、鍼灸あんま・マッサージ等の職業教育を行う専攻科もあります。2018（平成30）年の時点で、全国盲学校長会に加盟している（特殊教育時代に盲学校であった）特別支援学校（盲学校）は全国に67校あり、2,731人が在籍しています。また、視覚障害児および他の障害種の子どもを対象とした特別支援学校を合わせると全国に81校あります。

　さらに視覚特別支援学校（盲学校）では、地域の諸学校に在籍する視覚障害児の支援や、保護者等への相談活動、地域の乳幼児や成人視覚障害者の支援などの活動が行われています。このように、単に自校に在籍する児童生徒の教育を行うだけでなく、他校や地域の視覚障害児者の支援センターとしての役割も果たしています。これは「特別支援学校のセンター的機能」と呼ばれています。

(3) 特別支援学級

　特別支援学級とは、小中学校に設置された、障害のある子どもが在籍する学級です。特別支援学級の中でも、視覚障害児を対象とした学級は「弱視学級」と呼ばれています。弱視学級では、視覚障害に対応した指導法と教材を使った専門的な教育を行い、また、他の子どもと一緒に授業を受けても問題ない授業内容については、通常の学級で授業を受けることもあります。弱視学級は、2018（平成30）年の時点で、全国に小中学校あわせて508学級あり、592人が在籍しています。

(4) 通級による指導

　比較的軽度の障害のある子どもが通常の学級に在籍し、障害の状態に応じて週に数回特別の指導を受ける、「通級による指導」という形態があります。通級による指導を受けている視覚障害児は、2018（平成30）年の時点で、全国に小中学校あわせて208人で、高等学校で6人です。

(5) 通常の学級

　視覚障害のある子どもたちのうち、これまで述べてきた視覚特別支援学校（盲学校）等に在籍することが適切であると判断された子ども以外は、通常の学級に在籍することにな

ります。通常の学級では、「合理的配慮」の提供を受けながら他の子ども達と一緒に学びます。

- 特別支援学級の対象となる弱視児童生徒の障害の程度
  拡大鏡等の使用によっても通常の文字、図形等の視覚による認識が困難な程度のもの

- 通級による指導の対象となる弱視児童生徒の障害の程度
  拡大鏡等の使用によっても通常の文字、図形等の視覚による認識が困難な程度のもので、通常の学級での学習におおむね参加でき、一部特別な指導を必要とするもの

平成 25 年 10 月 4 日付け 25 文科初第 756 号初等中等局長通知

⑹ 就学先の決定

　視覚障害のある子どもの就学先の決定にあたっては、可能な限り地域の小中学校で障害のない子どもと共に学ぶことができるよう配慮しながら、その視覚障害児が十分な教育を受けることができる適切な就学先を検討します。

　そのため、どの学びの場で学ぶかについては、障害の状態、本人の教育的ニーズ、本人・保護者の意見、教育学・医学・心理学等専門的見地からの意見、学校や地域の状況を踏まえた総合的な観点に基づいて、市町村教育委員会が決定します。こうした流れを就学支援や就学相談などと言います。

　学びの場を決定するにあたって、視覚特別支援学校（盲学校）への就学を検討する障害の程度が、学校教育法施行令に示されていることを先ほど述べました。その他に、特別支援学級や通級による指導を検討する障害の程度が、文部科学省の通知に示されています。それぞれの障害の程度に該当する子どもに対して、どの学びの場が適切か、先に述べた総合的な観点に基づいて検討が行われ、決定されます。

　つまり、さまざまな学びの場の対象となる障害の基準が示されていますが、それは絶対的なものではなく、地域の小中学校で学ぶことがその子どもにとって適切かどうか慎重に検討した上で、通常の学級以外で学ぶことが適切であると判断できる場合に視覚特別支援学校（盲学校）や特別支援学級（弱視学級）に在籍したり、通級による指導を受けたりすることになるということです。学校教育法施行令では、そのような特別支援学校に在籍することが適切であると認められた子どもを「認定特別支援学校就学者」と呼称しています。

　なお、この「認定特別支援学校就学者」は、2013（平成 25）年の学校教育法施行令の一部改正によって登場した制度です。かつては学校教育法施行令 22 条の 3 は「基準」で、その基準に該当する視覚障害児は盲学校（当時の名称）に在籍するものと定められていました。それが 2002（平成 14 年）の学校教育法施行令の改正で、適切な教育を受けること

ができる特別の事情がある場合には小中学校へ就学することを認める「認定就学者」の制度ができましたが、あくまで特例的なものでした。その後、2007（平成19）年の特別支援教育制度の発足、2012（平成24）年の中央教育審議会の「共生社会の形成に向けたインクルーシブ教育システム構築のための特別支援教育の推進（報告）」等の流れの中で、就学先決定の仕組みも改められました。これが、先に説明した「認定特別支援学校就学者」という制度です。つまり、以前は、就学先を明確に分けたり、小中学校への在籍には認定を必要とする制度であったのが、柔軟に就学先を選択する制度に変化したということです。こうした障害のある子どもの就学に関する考え方の変化には、障害者の権利に関する条約の批准などの社会の動きが大きく関係しています（コラム1参照）。

キーワード

盲、弱視、特別支援教育、視覚障害児の学びの場、センター的機能

復習問題

1. 視覚障害児の就学先には、どのようなものがあり、どのような過程を経て決まりますか。
2. 特別支援学校の「センター的機能」とはどのようなものですか。

【文　献】
1）香川邦生編著（2016）五訂版視覚障害教育に携わる方のために．慶應義塾大学出版会．
2）文部科学省 特別支援教育関連資料．http://www.mext.go.jp/a_menu/shotou/tokubetu/1343888.htm
3）大川原潔ほか編（1999）視力の弱い子どもの理解と支援．教育出版．
4）斎藤佐和・筑波大学特別支援教育研究センター編（2006）特別支援教育の基礎理論（講座　特別支援教育1）．教育出版．
5）氏森英亞・宮崎眞編（2006）一人ひとりの教育的ニーズに応じた特別支援教育入門 - 発達支援の基本と実際．川島書店．
6）吉田道広（2013）インクルーシブ教育システム構築のための特別支援教育の推進．弱視教育51(3)23-31．
7）全国盲学校長会編著（2018）新訂版視覚障害教育入門Q&A．ジアース教育新社．

┃コラム① 　　合理的配慮とは

　我が国は国連の「障害者の権利に関する条約」に批准しています。この条約は、障害に基づくあらゆる差別を禁止し、必要な措置をとることを義務づけています。この条約の第2条に、「合理的配慮」という言葉があり、次のように定められています。

" 障害者が他の者との平等を基礎として全ての人権及び基本的自由を享有し、又は行使することを確保するための必要かつ適当な変更及び調整であって、特定の場合において必要とされるものであり、かつ、均衡を失した又は過度の負担を課さないものをいう "

　簡単に言い換えると、「障害に基づく差別が生じないようにするために行う、障害者一人ひとりがその時の状況で必要とする変更や調整であって、お金や労力がかかりすぎないもの」と言えます。また、「合理的配慮」の否定は、障害を理由とする差別に含まれるとされています。つまり、「合理的配慮」は「してあげる」ものではなく、行うのが当たり前のものなのです。
　教育においても、この合理的配慮が確実に提供できるよう検討が進められ、「共生社会の形成に向けたインクルーシブ教育システム構築のための特別支援教育の推進」（中央教育審議会初等中等教育分科会報告、2012（平成24）年7月：以下、「報告」）において、次のように定義されました。

"「合理的配慮」とは、「障害のある子どもが、他の子どもと平等に「教育を受ける権利」を享有・行使することを確保するために、学校の設置者及び学校が必要かつ適当な変更・調整を行うことであり、障害のある子どもに対し、その状況に応じて、学校教育を受ける場合に個別に必要とされるもの」であり、「学校の設置者及び学校に対して、体制面、財政面において、均衡を失した又は過度の負担を課さないもの」、とする。"

　合理的配慮は、「個別に必要とされるもの」であるので、具体的に「これが合理的配慮である」と定めることはできません。そこで「報告」では、合理的配慮を提供するに当たっての観点を、「教育内容・方法」、「支援体制」、「施設・設備」の3つに類型化し、個々の障害児に必要とされる合理的配慮を検討し提供するよう述べています。合理的配慮の内容については、設置者及び学校と本人及び保護者との間で「合意形成」を図り、決定していきます。つまり、学校が「このような配慮を提供します」と一方的に決めるのではないということです。

　「報告」においては、第1章で述べた多様な学びの場を、合理的配慮の充実のための「基礎的環境整備」として位置づけ、合理的配慮との関係について以下のように述べています。

" 通常の学級、通級による指導、特別支援学級、特別支援学校それぞれの学びの場における「合理的配慮」は、前述の「合理的配慮」の観点を踏まえ、個別に決定されることとなるが、「基礎的環境整備」を基に提供されるため、それぞれの学びの場における「基礎的環境整備」の状況により、提供される「合理的配慮」は異なることとなる。"

　つまり、特別支援学校（盲学校）という、専門的な教育を受ける環境が整っている学びの場では、「均衡を失することなく又は過度の負担を課さず」に、より多くの、より高度な配慮が提供可能なため、通常の学級での合理的配慮と、特別支援学校（盲学校）での合理的配慮の内容は異なることになる、ということです。

　「報告」の時点では合理的配慮の提供には法的な裏付けがありませんでしたが、2016（平成28）年から施行された「障害を理由とする差別の解消の推進に関する法律（障害者差別解消法）」において、国や地方公共団体等（公立学校を含む）は合理的配慮の提供が法的に義務化され、事業者（私立学校を含む）には努力義務が課されるようになりました。

第2章
視覚の成り立ち

　私たちは眼で世界を見ています。つまり、眼は人間の視覚情報の入り口です。そして視覚情報は眼から神経を通って脳に伝わり、認識されます。視覚障害とは、眼から脳までの間で何らかの障害が生じて、見えにくくなったり見えなくなったりした状態を意味します。それゆえ眼と視覚についての理解は、視覚障害の理解の基礎になります。本章では眼の構造や機能等の視覚の基礎と、視覚障害と関連する眼の病気について説明します。

▶1．視覚器の構造

⑴　眼球の構造

　私たちが通常「目」や「目玉」と呼んでいる器官は、正式には「眼球」と言い、直径24mmくらいの球状をしています。図2－1に、眼球を水平に切った断面図を示しました。いちばん前方には「角膜」があり、いちばん後方には「網膜」があり、そこから視神経が出ているのがわかります。視覚情報は外の世界から角膜に入り、いくつかの部位を通って網膜に到達して、脳に伝わります。

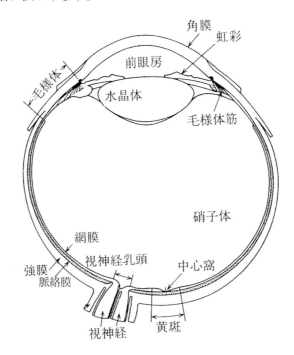

図2－1　眼球の水平断面図（右眼）
出典：村上元彦『どうしてものが見えるのか』. 岩波書店 ,1995,p 7. 一部改変

(2) 各組織の機能

1) 透光体

　外界の視覚情報は光として眼に入ってきます。光は、まず角膜に入り、水晶体、硝子体を通って網膜に達します。この角膜から硝子体までの組織は、光を通すために透明になっています。それゆえ透光体と呼ばれます。透光体は何らかの原因で濁ってしまうことがあります。そうなると、視界も濁ってしまい、見えにくくなってしまいます。

2) 虹彩と瞳孔

　人間の眼の黒目と呼ばれる部分は、よく見ると周辺のやや茶色っぽい部分（白色人種のように青や灰色っぽく見える人もいます）と、中心の黒い部分に分かれているのがわかります。この周辺部分を虹彩と言い、中心部分を瞳孔と言います。図2－1に示されているように、瞳孔は網膜へ光を通す穴です。眼は、虹彩を広げたり狭めたりして、眼の中に入る光の量を調節しています。

3) 眼球を覆う膜

　眼球は三層の膜で覆われています。いちばん外側の膜を強膜と言い、乳白色の丈夫な膜で、いわゆる「白目」の部分です。角膜もいちばん外側にある膜で、あわせて強・角膜と呼ぶこともあります。

　真ん中の膜をぶどう膜と言います。ぶどう膜には、虹彩、毛様体、脈絡膜が含まれます。これらの組織にはメラニン色素と血管が多く、色合いと形がぶどうに似ているためにぶどう膜と呼ばれます。この膜には、瞳孔から入ってくる光以外の光を遮る暗幕としての機能があります。

　いちばん内側の膜を網膜と言います。網膜は眼に入ってきた光を処理し、脳に送る役割を果たしています。網膜がはがれたり機能しなかったりすると、見ることができません。

　網膜の内部には、視細胞と呼ばれる実際に見る機能を担う細胞があります。視細胞には、錐体と杆体という二種類の細胞があり、錐体はものの形や色の認識に関わり、杆体は暗い場所での明暗の認識に関わります。網膜の中心には小さな窪みがあり、中心窩と呼ばれます。中心窩を含む網膜の中心部は黄斑と呼ばれます。この中心窩の部分が最も視力が高く、網膜の周辺にいくほど視力が低く明確な像を見ることができなくなります。これに

図2－2　視力が中心部のみ高いことを確認する

19

は錐体がどれくらいあるかが関係しています。中心部分は錐体が最も多くあるので視力が高く、周辺にいくほど錐体が少なく視力が低くなるのです。日頃意識しないかもしれませんが、視力が高いのは視線を向けているわずかな範囲だけなのです。図2－2で実際に試してみると、周辺の文字は中心の文字のようにはっきりと読むことができないことがわかるでしょう。

　なお、図2－1に視神経乳頭という部位がありますが、ここは視神経の出口で視細胞がありません。それゆえ見ることができない部分（マリオット盲点やマリオットの暗点と言います）なのですが、私たちは両眼で見たり、視線を動かしたりして見ているので、通常は意識することはありません。

４）屈折と調節

　虫眼鏡や望遠鏡で見る時に焦点合わせが必要なように、私たちが鮮明な像を見るためには、網膜に焦点を合わせる必要があります。日常、意識することはありませんが、眼は常に焦点合わせを行っているのです。

　網膜に焦点を合わせるには、光を屈折させる必要があります。その役割を果たしているのが、角膜と水晶体です。眼の最前面にある角膜は、図2－1でわかるように球面になっています。この角膜を光が通過すると、網膜に焦点を合わせるのに必要な屈折量の約3分の2まで屈折します。続いて、水晶体で残りの屈折が行われます。

　網膜に焦点を合わせるためには、より近くのものを見る時にはより強い屈折力に、より遠くのものを見る時にはより弱い屈折力にする必要があります。水晶体はこの機能を担っており、見ている距離（視距離と言います）に合わせて厚くなったり薄くなったりします。この水晶体の働きを調節と言います。屈折と調節がうまく行われず焦点が網膜に合わないことを屈折異常と言います。屈折異常の中でも、焦点が網膜より手前にあってぼやけて見える状態を近視、焦点が網膜より遠くにあってぼやけて見える状態を遠視と言います。

⑶　視覚情報の流れ

　屈折や調整を経て、光は網膜に到達します。このとき、視界の情報は上下左右が反転して網膜に届いています。図2－3にそのイメージを示しました。網膜に到達した光の情報は、網膜で電気信号に置き換えられます。それが脳に伝わり、脳がその情報を解析（この

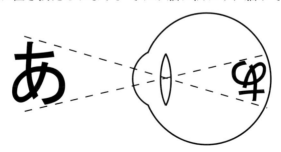

図2－3　網膜には上下左右が反転して届く

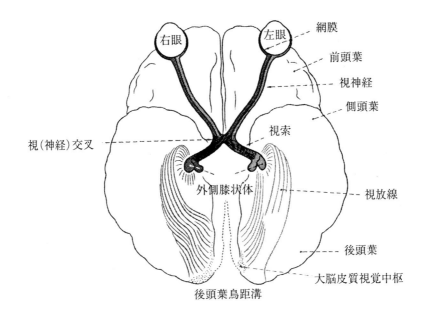

図2－4　視覚中枢への信号の伝達経路（脳を下から見た図）

出典：所敬・吉田晃敏『現代の眼科学（改訂第9版）』.金原出版,2006,p12.

ときに上下左右も正しい向きに処理されます）することで、私たちは視覚情報を認識しています。眼球から視神経、視覚中枢への信号の伝達経路を図2－4に示しました。

　これを見ると、視交叉という部分で左右の眼の視神経が交差して、右眼の視神経が左脳に、左眼の神経が右脳に伝わっているように見えます。しかしよく見ると実は完全に交差しているのではなく、右眼の網膜の左側の情報と、左眼の網膜の左側の情報が左脳に、左眼の網膜の右側の情報と、右眼の網膜の右側の情報が右脳に伝わっているのです。これは、視界の右側の情報が左脳に、左側の情報が右脳に伝わることを意味します。このことは、世界を立体的に見る立体視という機能と深い関わりがあります。

　視交叉を経て、左右の眼の情報から左右の視界の情報に整理された情報は、外側膝状体、視放線を経て脳の視覚の中枢（視覚中枢）である後頭葉（脳の後方の領域）へ到達します。

▶2．主な視機能

(1)　視力

　視力は、「細かいものを見分ける能力」と言えます。どれくらい細かいものまで見えるのか、そのぎりぎりの値を表したものです。視力検査では、アルファベットのCに似た視標の切れ目がある方向を見分ける検査を行います。この視標をランドルト環と言います。

　ランドルト環は、図2－5に示したように、線の幅と切れ目の高さがランドルト環の高さと幅の5分の1になるように作られています。ランドルト環を見るとき、眼と切れ目によって角度ができます。この角度を視角と呼びます。視力はこの視角の逆数で表されます。つまり、視角1分（1度の60分の1）の切れ目がぎりぎり認識できる眼の能力を有する

人は、１／１＝１すなわち視力 1.0 であり、視角 10 分の切れ目がぎりぎり認識できる眼の能力を有する人は、１／10 ＝ 0.1 すなわち視力 0.1 であることになります。図２－５の上段に示した、高さと幅が 7.5mm、切れ目と線の太さが 1.5mm のランドルト環を５mの距離から見たとき、切れ目の視角は１分となり、そのときの視力が 1.0 になります。

　ところで、なぜ視力は角度に基づいて表すのでしょうか。これは次のような理由によるものです。例えば、ある視距離で１cm の大きさの文字がぎりぎり読める人は、近づくともっと小さい文字まで読めます。しかし、視角 10 分の文字がぎりぎり読める人は、どの視距離でも視角 10 分の文字までしか読めません。それゆえ、細かいものを見分ける能力は角度に基づいて表す方が適しているのです。

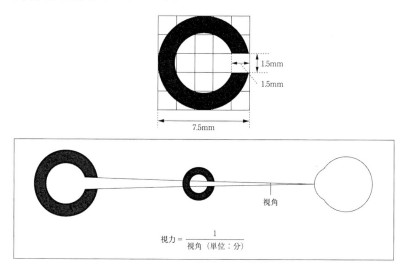

図２－５　ランドルト環と視角および視力
出典：大川原潔ほか編『視力の弱い子どもの理解と支援』．教育出版 ,1999,p42.

(2)　視野

　視野とは一般にものが見えている範囲を意味しますが、医学的な検査では「片眼で一点を見ている時に片眼で見える範囲」を指します。つまり、片眼である点を注視している時に、眼を動かさずにどれくらい広い範囲を認識できるか、ということです。両眼で見える範囲は「両眼視野」と呼びます。通常、人間の眼は視線を前方に固定した状態で、上方 60 度、鼻側（内側）60 度、下方 70 度、耳側（外側）100 度くらいまで見えます。

　網膜の病気などで視野に見えない部分が生じた場合、その場所を暗点と言い、特に中心部が見えなくなる状態を中心暗点と言います。また視野が狭くなっている状態を視野狭窄と言います。特に周辺部の視野が見えず中心のみ見える状態を求心性視野狭窄と言います。

(3)　色覚

　色の認識は視細胞の錐体が担っています。錐体にはＬ錐体、Ｍ錐体、Ｓ錐体の３種類が

あり、それぞれ、赤、緑、青付近の色に敏感に反応します。これらの錐体の反応の組み合わせによって、私たちは鮮やかな色の世界を見ているのです。先天性色覚異常は、この3種類の錐体の反応が不完全なことや、反応しないことによって生じます。また、視覚障害児では、網膜の病気などによって色の見え方に問題が生じることもあります。

（4）　暗順応と明順応

　明るい所から急に暗い所へ入ると非常に見えにくくなり、30分くらい経つと最初よりは見えるようになります。このように、暗さに眼が適応していくことを「暗順応」と言います。反対に、暗い所から急に明るい所に出るととてもまぶしく感じますが、すぐに明るさに慣れてきます。これを「明順応」と言います。視覚障害児の中にはこの暗順応や明順応ができない子どもがおり、暗い所や明るい所で眼が慣れることなく、見えにくいままであったりまぶしさが強すぎて眼が開けられなかったりすることがあります。このことを光覚障害と呼ぶこともあります。

▶3．視覚障害の程度の把握

　弱視児の見え方は多様なため、一人一人がどのように見えているのかを理解し、視力、視野などの視機能の状態について把握することは、適切な教育を行う上でとても大切です。

　視機能の精密な検査は眼科で行われます。また、視力検査のように学校の検診で行われるものもあります。こうした検査について、その検査の方法や意義を理解するとともに、その結果からどの様な対応をすればよいのかを考える必要があります。また、実際に学ぶ環境でどの程度見えているのかについて、教育的な視機能評価を行うこともあります。

（1）　弱視児の見え方

　弱視児の見えにくさを次の①から⑥の状態で説明することがあります（文献2）。

　　①ピンボケ状態：カメラのピントが合っていない状態。弱視児の屈折異常を矯正するのは大変難しいため、ピントが合っていないようなピンボケ状態で見ているものは多い。

　　②混濁状態：すりガラスを通して見ているような状態。透光体が何らかの疾病によって混濁すると、光が乱反射してきれいな映像が網膜に達しない。こうした状態の弱視児は、大変まぶしがる者が多い。

　　③暗幕不良状態：暗幕が不良な室内で映画を上映しているような状態で、周囲が明るすぎて映像がきれいに見えない。何かしらの疾病によって、瞳孔の収縮がうまくいかなかったり、あるいはぶどう膜に病変があったりすると、眼球内を暗室状態に保てなくなりまぶしくて見えにくくなる。白子眼の場合も暗幕不良状態と考えてよい。

　　④光源不足状態：暗幕状態がよくても、映写機の光源が弱ければ、スクリーンの映像

は暗く薄いものになる。網膜色素変性症などの疾病によって求心性視野狭窄の状態になると、うす暗い所では外界がよく見えなくなる。いわゆる夜盲の状態であるが、これは一種の光源不足状態である。

⑤振とう状態：本などを左右に小刻みに揺すると、文字などが見えにくくなる。弱視児の多くに眼球が不随意に揺れ動く眼振が認められるが、この眼振は、弱視児の見えにくさを倍増している。

⑥視野の制限：視野の項で述べたように、視野の異常がどの部分に及んでいるかによって、見えにくさが異なる。

弱視児はこれらの見えにくくする要因を一つあるいは複数抱えています。それゆえ、一人一人の見え方は様々な状態になっています。

(2)　主な視機能検査

1）視力の検査

通常の視力検査は、5mの距離で測定します。視力1.0から0.1までは、視力検査表で測定します。それより低い視力を測定する場合、測定距離を短くしながら0.1の視標が見えるか測定し、（見えた視標）×｛（測定距離）／（基準距離）｝で視力を算出します。もし4mの距離で見えた場合、0.1×（4／5）で視力0.08となります。それでも測定できない場合、指を何本か立てて見せたらその数がわかる（指数弁）、眼前で手を振ったらそれがわかる（手動弁）、ペンライトで眼に光を入れたらそれがわかる（光覚弁）、ということを確認します。光覚弁未満の場合、光覚なしと言います。また、光覚弁の場合を光覚盲、光覚なしの場合を盲（全盲）と言うことがあります。

その他に、近くでどれくらい見えているかを調べるために、視距離30cmで近距離視力を測定することもあります。

2）視野

視野は視野計という機器を用いて検査します。視野計の種類には大きく分けて、動的視野計と静的視野計があります。動的視野計による検査では、外側から小さな円形の視標を近づけ、見える所と見えない所の境目を様々な方向について検査します。図2－6は動的視野検査の結果の例です。静的視野計による検査では、視標は動かず、様々な網膜の位置でどれくらいの明るさの視標が見えるかを測定します。このような精密な機器を使用する検査は、病院で専門の測定技術を持った検査者によって実施されます。また、検査機器による検査が難しい場合や教育現場では、視覚障害児とのかかわり合いや行動観察から視野の様子を推測する場合もあります。

視覚障害児では、視線が正面を向いていなかったり（斜視や偏心視）、眼球が絶えず揺れていたり（眼振）して正確な測定が行えない場合があります。また、周辺がどれだけ見えているかだけでなく、視野内に暗点があるかどうかを把握することも重要です。

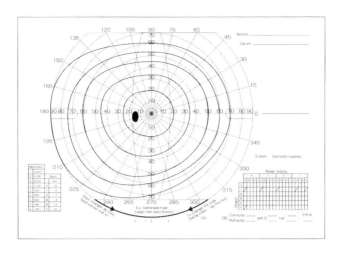

図2−6　動的視野検査の結果（右眼）。視野が複数描かれているのは、視標の大きさや明るさを
変えて測定したためです。図中の黒く塗りつぶしてある円はマリオット盲点を表しています。

出典：坪田一男・大鹿哲郎編『TEXT眼科学』. 南山堂 ,2007,p43.

(3)　教育的な視機能評価：基本原理を踏まえた応用的評価

　先に、医学的、標準的な視力と視野の評価法について述べました。特別支援教育では、
それに加えて教室などの教育を行う場面での見え方を把握する必要があります。また、通
常の医学的検査が困難な子どももいます。そこで、視力や視野の測定原理を踏まえたうえ
で、実際の場面で応用的評価を行う必要があります。このような、実際の教育に生かすた
めに、応用的に実施する視機能評価を教育的な視機能評価と言います。

1）　視力の教育的評価の例（文献5）

　知的障害のある視覚障害児の見え方を把握するために、その子どもの紙くず拾い活動の
様子から、どれくらい小さな紙くずをどれくらいの距離で見つけているかを調べました。
そして、紙くずの大きさと見ていた距離から、紙くずが視角にして何分に相当するかを求
め、そこから視力の計算法（1／角度）によって、おおよその見え方を明らかにしました。
これは正式な視力測定法とは異なりますが、その子どもがどれくらい見えているのかを把
握するのに役立ち、子どもとかかわる上で有益な資料となりました。

2）　最小可読視標（最大視認力）

　視覚障害児には眼を非常に近づけて見る者が多くいます。それゆえ、眼を接近させてど
れくらい小さいものが見えているのかを知ることが必要になります。そこで、本来は視距
離30cmで測定する近距離視力用の視標を見せ、見える距離まで近づけてもらいます。そ
して、「0.1の視標が5cmで見える（0.1／5cm）」、「0.3の視標が3cmで見える（0.3／3cm）」
のように、どれくらい眼を近づけて見ているのか、そのときどれくらい小さいものまで見
ることができるのかを調べます。これを最小可読視標あるいは最大視認力と言います。

　30cmで測定していないため視標の0.3や0.1といった数値には医学的な意味はありませ
んが、このような測定をすることで、個々の視覚障害児がどのような条件で、眼を近づけ

た時にどれくらい小さなものまで見えるのかを知ることができます。これは、視力検査の道具を用いますが、医学の視力検査とはまったく異なるもので、教育的な視機能評価の一つと言えます。

▶４．主な眼疾患と見え方の特徴

視力や視野といった視機能の把握だけでなく、視覚障害の原因となっている病気を理解することも、見えにくさを理解するために大切なことです。ここでは、いくつかの眼疾患について簡単にふれるとともに、疾患の部位による見え方などの特徴を説明します。

⑴　主な眼疾患

１）未熟児網膜症

網膜血管の発達が終わっていない時期に、胎児が予定より早く生まれてしまった場合、出生してから網膜血管が発達することになります。その時、未熟な血管の先端から新たな血管が発達（血管新生と言います）しますが、これが硝子体の方へ延びたり、切れて出血したりするなどの異常を生じることがあります。それによって網膜が剥離してしまい、視力や視野に障害が生じます。

２）網膜色素変性症

視細胞の変性や減少によって網膜の機能が低下していく進行性の病気です。病変は、最初は杆体に起こります。そのため、周辺視野が見えなくなる視野狭窄になり、暗所で見えなくなる夜盲が生じます。また、やがて錐体も影響を受け始めるので視力も低下していきます。視野狭窄のために視野の困難が強い一方で、あまり進行していない段階では、弱視児の中では相対的に視力が高いことが多いです。

３）視神経萎縮

網膜、視神経の病変によって、あるいは原因不明で生じる視神経の萎縮です。原因が様々なため、症状も人によって異なりますが、視力の低下および視野の中心部や周辺部が見えなくなるなどの視野の障害が見られます。

４）小眼球・虹彩欠損

いずれも眼球の形成が不完全な状態です。小眼球はその名の通り、極端に小さな眼球を指します。これは、眼球が正常な大きさまで発達しなかったことを意味します。他の病変の無い軽度の小眼球では強度の屈折異常を伴います。また、重度の場合は光覚弁や全盲になることもあります。先天性虹彩欠損は、眼球が形成される際に虹彩がきちんと円にならずに、下方が欠けている状態です。光量を調節することができないため、まぶしさを強く感じ、見づらくなります（羞明と言います）。小眼球で虹彩欠損を伴うこともあります。

５）緑内障

緑内障では視野の障害が見られ、マリオット盲点付近と周辺部から徐々に見えなくなっ

ていきます。その結果として視力も低下していきます。緑内障は、眼の中の圧力（眼圧）が異常に高くなった結果、網膜が損傷する疾患ですが、「正常眼圧緑内障」といって眼圧が正常でも緑内障になることがあります。

　ここでは5つの眼疾患について述べましたが、実際には、視覚障害児の多くはいくつかの眼疾患を併せ有しています。また、「どのような病気か」だけでなく、「どの部位（組織）の病気か」を考えると、その子どもの見え方を理解するのに役立ちます。

(2)　疾患による見え方の特徴

1）網膜の疾患

　視野の中心部は最も視力が高く、細かいものを認識する役割を担っています。それゆえ、網膜の黄斑部の病変で中心部が見えなくなった場合、視力が大きく低下します。また、視線を向けた先が見えないので、見たいものが見えない状態になってしまいます。その場合、視線をずらして周辺の視野を使って見ることになります（偏心視と言います）。

　一方、網膜色素変性症などで視野の周辺部が見えなくなると、周囲の状況を把握することが難しくなります。歩行中に周囲の様子を把握したり、読書中に次の行を見つけるのが大変になったりします。図2−7は求心性視野狭窄の見え方のイメージです。また、網膜周辺部に多く存在し、暗い所で働く杆体が機能しなくなるので、暗い所で見えなくなる夜盲になります。しかし、中心部が見えるので、視力は比較的高いことが多いです。

2）透光体の疾患

　透光体は透明でなければならない部位です。しかしながら、白く濁りが生じてしまうことがあります。疾患としては、角膜混濁、水晶体の混濁である白内障、硝子体混濁などがあります。これらを総称して「透光体混濁」と言い、出生前の母体の感染症や外傷、加齢による変化などの様々な原因によって生じます。透明な部分が白く濁るので、見え方としては透明なガラスがすりガラスに変わったような違いが生じます。そのため、文字がかすんで見えにくくなったり、まぶしさを感じやすくなったりします。図2−8は、透光体混

図2−7　求心性視野狭窄の見え方のイメージ。左：通常の見え方、右：視野狭窄の見え方。

濁の見え方のイメージです。

　白内障では、混濁した水晶体を取り除く手術が行われることがあります。この場合、水晶体のあった位置に眼内レンズを入れたり、コンタクトレンズや眼鏡で矯正したりして、水晶体が持っていた屈折力を補償します。しかし、水晶体のように厚さを変えて屈折力を調節する事はできなくなります。

図2－8　透光体混濁の見え方のイメージ。左：通常の見え方、右：透光体混濁の見え方。

３）伝達路の異常と視覚の困難

　もし、視神経が腫瘍などで圧迫されると、そこで情報の流れが遮断されてしまいます。そうすると、遮断された情報は認識できなくなり、見えなくなります。視交叉より前方で遮断されると、片眼の情報が見えなくなり、後方だと視野の半分が見えない「半盲」という状態になります。

　また、脳の視覚中枢の部位に腫瘍ができたり出血があったりすると、視覚に異常が生じます。それゆえ眼球にも視神経にも異常が無いのに見えないことも起こりえます。また、視覚中枢以外の脳部位の疾患や異常で、視覚認識に異常が生じることもあります。

４）明るさに影響を受けやすい眼疾患

　網膜色素変性症では暗い所で見えにくい夜盲という状態が生じるということを述べましたが、錐体が障害される網膜の病気の場合に、反対に明るい所で見えにくい状態になることがあります。これらは暗順応、明順応がうまくできないことによるものです。また、透光体に混濁がある場合にも明るい場所で視力が低下することがあります。このように明るい所で見えにくくなる状態は昼盲と呼ばれることがあります。

５）心理的対応

　網膜色素変性症や緑内障など進行性や慢性の眼疾患の場合、徐々に見え方が悪化していきます。そのため、病気の進行やその結果として失明することへの不安を感じることがあります。あるいは、突然生じた眼疾患のために急に視覚障害になった場合、そのことを受け止めることが難しいことがあります。見え方や病状の変化に気をつけることも大切ですが、不安への対応、心のケアも必要になってきます。

キーワード

眼球、視力、最小可読視標（最大視認力）、見え方

復習問題

1．眼球の水平断面図を描き、角膜、水晶体、脈絡膜、中心窩を示しなさい。

2．視力の標準的な検査手順について述べなさい。

【文　　献】
1）　新井三樹編（2003）疾患への対応ロービジョンケア . メジカルビュー社 .
2）　香川邦生編著（2016）五訂版　視覚障害教育に携わる方のために . 慶應義塾大学出版会 .
3）　樋田哲夫編（2007）ロービジョンケアガイド　眼科プラクティス 14. 文光堂 .
4）　宮本信也・竹田一則編（2007）障害理解のための医学・生理学（シリーズ障害科学の展開第４巻）. 明石書店 .
5）　大川原潔ほか編（1999）視力の弱い子どもの理解と支援 . 教育出版 .
6）　大野重昭・木下茂編（2007）標準眼科学 第 10 版 . 医学書院 .
7）　高橋広編（2006）ロービジョンケアの実際 視覚障害者の QOL 向上のために 第 2 版 . 医学書院 .
8）　坪田一男・大鹿哲郎編（2007）TEXT 眼科学 . 南山堂 .

第3章

視覚障害乳幼児の発達と支援

▶1. 視覚障害児の発達に影響する要因

　視覚障害のある乳幼児の発達には、以下に挙げる要因が影響を与えることが指摘されています（文献1）。家族や保育者、その他の支援者は、見えない・見えにくいことによって生じるそれらの影響を理解した上で日々の生活に寄り添い、視覚障害児との関わり方や環境整備等を適切に工夫しながら、様々な領域の発達を支援していくことが大切です。

(1)　行動の制限

　一般に乳児は、生後5カ月頃になると、外界のものに手を伸ばす「リーチング」という行動を示します。これは、視覚によって距離のある情報を認知できる機能が備わったことによる行動であり、乳児は、興味のある様々なものに手を伸ばすことで、身体の機能を高めたり、世界の広がりを経験したりしながら成長していきます。

　一方、聴覚によって距離のある情報を認知できる機能が備わる時期はやや遅れるため、盲乳児の場合、リーチングが現れるのは生後10カ月頃です。つまり、盲乳児が積極的な探索行動を始める時期は、晴眼児のそれよりも遅れることになります。

　さらに、「あの音は何だろう」「音のする方へ手を伸ばしてみたい、行ってみたい」と思えるような魅力的な音刺激がなければ、生後10カ月を過ぎてリーチングができるようになっても、盲児の行動は引き続き制限されてしまいます。こうした行動の制限は、身体の発育や運動機能の獲得、知的発達などに影響を与えます。

　視覚障害児の積極的な行動を促す方法としては、まずおもちゃの工夫があります。音や光で応答するもの、形や触感を手で触って楽しめるもの、床面とのコントラストがはっきりしたボールなどがその例です。「こっちにおいで」という風に、少し離れた場所から声かけをして後追い行動を促すことも有効です。また、子どもが安心して手を伸ばしたり動いたりできるような環境作りも大切です。

　なお、特に盲児には、自分の目を指で押さえたり、その場でぐるぐる回り続けたりといった行動（癖）が度々見られます。そのような行動を無理にやめさせるのではなく、その子どもが他のことに注意を向けられるような環境を工夫し、新しい行動から十分な刺激を得て満足できるように促していくことが大切です。

(2) 情報入手の制限

　視覚に障害のない乳幼児は、自分の家の中にある日用品だけでなく、絵本やテレビなどを通して様々な事物を間接的に目にします。また、外出先で目にする景色も、好奇心を刺激し、知識を増やし、抽象的な概念を形成するのに役立ちます。

　一方視覚障害児は、「自分自身が体験したこと」、「触ったことがあるもの」、弱視児の場合には「見えにくい目でも何とか見えたもの」が知識の全てです。その結果、知識の全体量が少なくなるばかりか、偏った知識や誤った知識が身についてしまう可能性もあります。このことは、言語の発達や知的発達に大きく影響するため、注意が必要です。

(3) 模倣の困難

　乳幼児期の子どもは、周囲の人たちの行動を観察して、見様見真似で様々な動作を覚えていきます。子どもは、多くのことをこの「模倣」によって学んでいくのです。

　しかし、視覚障害児は視覚的な模倣が不可能または困難なために、他の子どもが自然に身につけていく動作を、自分一人の力で学習することが難しいと言えます。そのため、日常生活に必要な些細な動作から、身体全体の一連の動きを必要とするような運動の動作、礼儀作法にいたるまで、一つひとつ丁寧に教えることが必要です。子どもの手をとって動作を教える際には力のかかる向きも重要であるため、子どもと同じ向きに立つように心がけます。

　ただし、身体の動かし方だけに着目した教え方では不十分な場合もあります。例えばスキップの動作を教える場合には、基本的なステップの踏み方を伝えるだけでなく、子どもが実際に「楽しい」と感じている機会をとらえて、子どもと手をつないで一緒にスキップをします。そのリズム感を繰り返し体験することによって、多少ぎこちない動きであったとしても、その子どもは楽しい気持ちを表現する手段としてのスキップを理解し、実践できるようになっていきます。

(4) 視覚障害児に対する態度

　視覚障害児を取り巻く周囲の人々の態度、とりわけ養育者の育児態度は、視覚障害児の発達に大きな影響を与えます。

　盲児は、視覚的な情報の制限を補うために、外界の様々な環境と直接関わること、様々なものに触れる経験を重ねることが不可欠です。弱視児の場合は、目を近づけてじっくり見る環境の下で「見えた喜び」を味わい、「見る意欲」を育てることが重要です。これらは、養育者が子どもの障害を受け入れ、積極的に外に連れ出しているか、人目を気にせずに時間をかけて触らせたり見せたりしているかといったことに左右されます。

　また、視覚障害児は見えない・見えにくいゆえの不安や困難を親や周囲の大人に理解してほしいと思っています。しかし、その気持ちをわかってもらえないと、もどかしさを感

じるだけでなく、障害がある自分を認めてもらえていないのではないかという喪失感をもつこともあります。そのような気持ちをもち続けることは、後のパーソナリティや社会性の発達に影響する可能性があります。このように、周囲の人々の態度は、子どもが自己を肯定し、意欲的にものごとに取り組む気持ちをはぐくむ上で非常に重要なのです。

▶2．発達の特徴と支援の留意事項

(1) 運動機能の発達

　乳児は、自分の手の届かない所に興味を引くものがあれば、ハイハイをしたりつかまり立ちをしたりして、その場所へ一生懸命移動しようとします。つまり、基礎的な運動機能は、外界の魅力的な刺激に向かって身体を動かすことの繰り返しによって発達していくと言えます。しかし視覚障害児の場合、第1節で述べた行動の制限により、骨や筋肉の発達が遅れることがあります。視覚障害児は、乳幼児期には身長や体重が同年齢の子どもよりも少ない傾向にあり、お座りや歩き始めの遅れを指摘する研究もあります。

　視覚障害児の運動機能の発達を促すためには、子どもが興味・関心をもって自発的に身体を動かしてみようかなと思うような魅力的な刺激を用意することに加えて、その子どもにとって安全で、空間の広がりが十分に理解できる環境を整えることも重要です。楽しみながら思いきり身体を動かす機会を増やし、運動することへの恐怖心や苦手意識をなくしていきます。

　一方、例えばボール投げのように、複数の動作を組み合わせた複雑な動きについては、行動の制限による経験不足だけでなく、視覚的な模倣の困難ゆえに、その獲得がなかなか難しいとされています。そのような難しい運動の動作を教える際には、他人の体を触って手本にしたり、人形を動かして身体の動きをイメージしたり、投げたボールの軌跡を言葉で伝えてモチベーションを高めたりといった方法が考えられます。

(2) 言語の発達

　言語は、コミュニケーションをしたり、頭の中でイメージを膨らませて思考したりするための大切な手段です。視覚障害児の言語能力は、晴眼児と同等またはそれ以上に発達しているように見えることがありますが、実際には、単語の意味が制限されていたり誤っていたりすることも少なくありません。これは、具体的な事物や事象と言語とを結びつける手がかりとしての視覚情報が不足した中で、多くの言葉を、実体験と結び付けることなく機械的に覚えていくことによります。

　例えば、視覚障害児が物語の読み聞かせで「魚がすいすいと泳いでいます」という表現を覚えたとします。しかし公園の池の鯉や水槽の中の金魚の様子を直接観察したことがないので、魚が水の中でどのような姿勢で、どのように体を動かしながら、どのくらいの速さで泳いでいるかを知らず、あいまいなイメージのままにこの言葉を使っている、という

可能性が高いのです。

　このような、体験的な裏付けを伴わない視覚障害児特有の言語を「バーバリズム（verbalism）」と言います。体験に裏付けられた確かな言語を習得するためには、直接経験の機会を増やすことが極めて重要です。手で触ったり、じっくり見たり、身体全体で体験したりすることのできる環境を豊富に用意し、確実かつ多様な経験を積むことで、正確な言語の獲得を促し、豊かなイメージや概念の形成につなげていきます。

　ただし、直接経験には限界があります。そこで、手当たりしだいに体験させるのではなく、概念やイメージの土台となる基礎・基本の内容を選んで、一つひとつのことに時間をかけて丁寧に体験させるという視点も重要です（詳細は第4章参照）。

　物語や絵本も、語彙や知識を増やし、イメージを膨らませるのに有効な教材です。ただし、その場合も直接経験との関連を大切にし、内容をより深く理解できるような工夫が必要です。具体的には、子どもが既に確実なイメージをもっている言葉を使って説明を加えたり、登場する動物のぬいぐるみや人形を触らせながら読み聞かせをするなどの方法です。なお、触る絵本も多数出版されており（図3—1）、盲児が楽しみながら読書するための教材として、また、手指を上手に使って効率よく触る力をはぐくむ教材として活用されています。

図3—1　触る絵本の例。文字には点字がそえられ、絵の部分は盛り上がっています。ゾウの輪郭がくっきりと描かれ、ストーリーに合わせて変化するゾウの動きをイメージしやすいように、どのページのゾウも同じ向きに配置されています。
出典：小林映子『ゾウさんのハナのおはなし』.NPO法人ユニバーサルデザイン絵本センター，2003.

(3)　基本的な概念の形成
　形の弁別、大小・長短・高低などの比較、平面や立体の分解・合成といった基本的な概念は、幼児期から段階的に獲得され、それらは言語理解やイメージの形成、算数・数学の

学習における抽象的な思考などへとつながっていきます。盲児の基本的な概念形成を促すためには、子どもが具体物を実際に操作し、その結果を自分の手で確かめたり言葉にしたりできる機会を積極的に用意する配慮が必要です。

　例えば「比較」を例に挙げると、視覚に障害のない子どもは「お姉ちゃんよりもお母さんの方が背が高い」というように、日常生活の中でAとBを比べて新しいことを発見できる機会がたくさんあります。一方、盲児の場合は、二つのものを並べて意識的に触り比べなければならず、加えて、視覚的には「一目瞭然」の差であっても、触覚ではより際立った差でなければ直感的に「違う」と認識することができません。

　具体的な配慮としては、手で触って操作しやすく、自分で確かめたり判断したりしやすいおもちゃを選び、子どもの自由で創造的な遊びを引き出します。また、素材や大きさ、重さなどに配慮した教具を用いて、手指の上手な使い方の指導と併せて、様々な概念を体験的に身につけさせていきます。

▶3．弱視児の「見る力」の発達と支援

(1)　視覚障害乳幼児の視機能評価

　視機能を評価する最も一般的な方法は、どれだけ細かいものを見分けられるかを調べる視力検査です（詳細は第2章参照）。通常は複数のランドルト環を並べて提示する「字づまり視標」を用いて検査しますが、弱視児の場合は、ランドルト環を一つずつ提示する「単独視標」を用いることが有効です。また、ランドルト環による視力検査が難しい幼児や知的障害を併せ有する子どもの視力の測定に用いる検査標もいくつか開発されており、図3－2はその一例です。

図3－2　森実ドットカード。30cmの視距離で測定する近距離視標。名刺サイズのカードで、うさぎの目の有無を答えます。

このほか、視覚刺激に反応する脳波を測る検査や、白黒の縞があるパターンと灰色のパターンを提示し、縞のある方を選択的に見ているかどうかを確認しながら測定する検査（Teller Acuity Cards; TAC）などもあります。

(2) 「見る力」と視経験

　弱視児が、見たものの意味を効率的かつ適切に理解するためには、過去の視経験によって作られた視覚的なイメージを手がかりとして、曖昧な部分を予測と判断で補って見る「見えないものまで見る力」を養うことが不可欠です。しかし、視力が低く、またそのほかの視機能障害もある弱視児は、日常生活の中で量的にも質的にも十分な視経験を積むことが難しく、その結果、ものの特徴に関するイメージを獲得できなかったり、不確かなイメージしか獲得できない場合があります。そこで、弱視児にとって見やすい環境を整えて視経験の機会を増やし、様々なものの特徴に関する確かな視覚イメージを育てる支援が必要となります。

　弱視児は、手元に引き寄せ時間をかけて見ることができるものについては、その正確な視覚イメージを形成することができます。そこで、実物や模型、絵本などを近い距離でじっくりと見る機会を増やすことが重要です。

　ただし、やみくもに、たくさん見せればよいというわけではありません。あいまいで不確かなイメージではなく、それぞれのものの形や特徴を正確にイメージできるような視経験が重要です。例えば、絵カードや絵本で動物の絵を見せる場合には、コントラストが高く、輪郭線がはっきりしていること、真正面や真横から見た構図であること、装飾の少ないシンプルな絵であることなどの視点で、見せるものを選ぶことが必要です。このようにして得た事物の形態に関する正確なイメージは、遠すぎてよく見えないものや大きすぎて部分的にしか見えないもの、全体がぼんやりとしか見えないものなどを「予測して見る」力の基礎となります。

　また、弱視児は、「見ようとしてもよく見えない」とか、「せっかく見ようとしているのに、目を近づけすぎだと注意された」などといったもどかしい経験の積み重ねによって、「見る意欲」を失っていることがあります。これも、効率的な視覚認知の妨げとなります。そこで、「見ることが楽しい」という気持ちや「見る意欲」を育てる工夫をして、積極的にものを見る習慣を養うことも大切です。

(3) 「見る力」を高める指導

　視覚に障害のない子どもに対して、「上手に見る力」を育てるための指導を取り立てて行うことはありません。しかし弱視児の場合には、特に幼児期から小学校低学年にかけて、基本的な視覚活用や目と手の協応を促す指導を丁寧に行うことが不可欠です。

①注視・追視を促す指導

「なんとなく見える」という状況から、対象を意識的に見る力を育てることがねらいで、幼児期に行う基本的な指導です。

注視を促す指導では、薄暗い部屋で光るおもちゃなどを見せ、じーっと見つめることを促します。追視を促す指導では、興味を引くおもちゃなどを利用し、目や頭を動かしてそれを追いかけて見る動作を引き出します。ゆっくりした動きから速い動き、水平方向から上下・斜め方向の動きへとステップアップしていきます。

②目と手の協応を促す指導

目と手の協応動作は、文字を書くときはもちろんのこと、日常生活や学習の様々な場面で必要となる重要な要素です。そこで、ひも通しやひも結び、シール貼り、迷路、ハサミや定規の操作など、その子どもの力に合わせて段階的に指導していきます。

▶4. 幼稚部・幼稚園等における指導

(1) 幼稚部における指導

多くの視覚特別支援学校（盲学校）には幼稚部の課程があり、視覚に障害のある幼児が在籍しています。

特別支援学校幼稚部教育要領（平成29年4月告示）には、視覚障害児に対して特に留意すべき事項として、以下の点が示されています。

> 視覚障害者である幼児に対する教育を行う特別支援学校においては、早期からの教育相談との関連を図り、幼児が聴覚、触覚及び保有する視覚などを十分に活用して周囲の状況を把握できるように配慮することで、安心して活発な活動が展開できるようにすること。また、身の回りの具体的な事物・事象及び動作と言葉とを結び付けて基礎的な概念の形成を図るようにすること。
>
> 特別支援学校幼稚部教育要領第1章第6の4（1）

幼稚部では、視覚障害児が興味・関心をもって主体的に活動できるような、安全で構造化された環境を整えることが大切です。具体的には、保育室内の物の配置を一定にする、自分のロッカーや持ち物に手で触れる印をつけておく、保有する感覚を使って確かめたり考えたりできるような遊具や教材を選ぶ、などの工夫が考えられます。

教師には、温かい雰囲気の中で子どもの心の変化に寄り添い、不安感や警戒心を取り除く役割が求められます。また、周囲の状況が分からずに一人で孤立している子どもがいたら声をかけて、友達との遊びやコミュニケーションに導きます。

さらに、経験の不足や偏りがバーバリズムにつながることを考慮して、教室内外で体験活動の機会を多く作り、生きた言葉の発達と、確かなイメージや概念の形成を促すような教育活動を行います。

⑵　幼稚部と地域との連携

　特別支援学校幼稚部教育要領には、幼稚部の役割として、地域の視覚障害乳幼児または
その保護者の教育相談に応じること、幼稚部に在籍する視覚障害児と障害のない子どもと
の交流及び共同学習を計画的・組織的に行うこと、幼稚園等に在籍する視覚障害児の教育
を担当する教師等に対して必要な助言又は援助を行うことなどが示されています。

　実際、多くの視覚特別支援学校（盲学校）において0歳からの教育相談が行われており、
個別指導や小集団指導、保護者向けの勉強会、保護者同士の交流など、各学校の創意工夫
による取り組みが展開されています。また、最近では地域の幼稚園や保育所に在籍する視
覚障害児が増えており、視覚特別支援学校（盲学校）では、その専門性を生かした支援活
動が行われています。

3

キーワード

模倣、バーバリズム、直接経験、視経験、目と手の協応、幼稚部

復習問題

1．視覚的な模倣ができないことによる困難とは、具体的にどのようなことですか。ま
　た、それらを補うための指導において留意すべき事項を、例を挙げて述べなさい。
2．弱視児に対して、量的にも質的にも十分な視経験を積ませるために必要な工夫につ
　いて、具体例を挙げながら説明しなさい。

【文　　献】
1）　五十嵐信敬（1993）視覚障害幼児の発達と指導. コレール社.
2）　猪平眞理（編著)(2018）視覚に障害のある乳幼児の育ちを支える. 慶應義塾大学出版会.
3）　文部科学省（2018）特別支援学校教育要領・学習指導要領解説　総則編（幼稚部・小学部・中学部).

第4章
盲児の指導

　視覚障害は大きく「盲」と「弱視」に分けられますが、本章では「盲」に分類される子どもたち、すなわち触覚や聴覚など視覚以外の感覚を手掛かりとして学習・生活している児童生徒を取り上げます。「人は情報の80％以上を視覚を通して得ている」という表現をよく耳にしますが、盲の子どもたちには、基本的に視覚情報を使わずに概念やイメージの形成を促し、授業その他の場面で様々な工夫をしながら指導・支援を行う必要があります。

　なお、盲児は点字を常用していますが、その全員が全く見えない「全盲」の状態ではありません。「明暗は分かる」「色は分かる」「ぼんやりとものの形は分かる」「視野の中心部は見えないので点字を使うが、周辺部は見えるので、歩くときは視覚も使う」というように、見え方は人それぞれです。

▶1.　視覚以外の感覚を使った「体験」

　盲児が日常生活や運動に必要な様々な動作を覚えたり、外界に興味を示したり、新しい知識を得たりするためには、触る、聞く、歩くといった、自分自身の直接的・能動的な体験が必要不可欠です。そのため、盲児の円滑な発達支援を促していくためには、触りたい・やってみたい・知りたいという気持ちを芽生えさせ、それらを習慣化できるような意欲と態度を育てることが大前提となります。新しい場所や新しいものを納得するまで触らせ、体験させながら興味・関心を広げていけるような望ましい環境を用意できれば、学齢までには視覚に障害のない子どもと同等の発達が期待できると言われています。そして就学後も引き続き、「確かに」「なるほど」と直観的に理解できるような直接的な体験を着実に積み上げながら、教科や自立活動の学習、社会生活全般の学習などを進めていきます。

　では、盲児が視覚以外の感覚を通して外界の情報を効率よくとらえることにつながる、より質の高い体験とは具体的にどのような体験でしょうか。

(1)　核になる体験

　視覚の欠如を補うのは体験ですが、視覚に障害のない子どもが見ている全てのものを直接体験することは現実的に不可能です。そのため、優先順位をつけて体験しなければならず、その視点として重要なのが「核になる体験」という考え方です（文献1）。核になる体験とは、物事の概念やイメージを形作るための土台となる体験であり、その体験の枠組みから類似の事物との比較をしたり、未知の情報を想像したりできるような基本的な体験のことです。

　例えば、動物園や水族館で珍しい生き物に出会ったときや、郊外学習で知らない建造物

や道具を紹介されたとき、「すごい」と感動したり「○○と全然違う」と驚いたりできるのは、自分の頭の中に核になる体験がしっかりと根付いているからこそです。しかし盲児の場合、視覚障害のない子どもたちが普段の生活の中で視覚情報を通して自然と身につけていく「ごく当たり前のこと」を知らないままでいることが度々あります。

　そのため、例えば魚の観察では、まず、魚の基本的な形と言えるアジなどを時間をかけて丁寧に触って観察し、そのイメージをしっかりと頭の中に作ります。図4－1では、魚を自分と同じ向きにして全体の形を観察し、泳ぐ姿を確認しています。他にも、エラと口がつながっていることやヒレの付き方など、たくさんのことを自分の手で確かめることができます。

　基本のイメージができていれば、別の種類の魚を触ったときに「魚だ。アジと似ている。」と気づきます。さらに経験を積んだ後では、カレイやトビウオなど特殊な形の魚を触っても、すでに頭の中にある魚のイメージと比較して、基本形のどこが変形したのかが分かり、魚の種類による違いをスムーズに理解することができます。

図4－1　アジの観察の様子

(2)　切れ目ない全体の体験

　前述の核になる体験と少し重なりますが、ある事象に関する一連の流れの全部を、切れ目なく全て体験させるという配慮も重要です。目が見えないと体験が部分的・断片的になりがちであり、物事の全体像を理解できない場合が多いためです。

　例えば、サラダに入っているトマトしか食べたことがなければ、カットされたトマトだけがその子どもにとっての「トマト」です。しかし、種まきや苗植えから関わり、成長を観察しながら育て、もぎとり、自分で包丁で切って食べることで、トマトの全体像を確かなイメージを伴って理解することができます。そこまで体験すれば、ナスもピーマンも「同じように畑で育てて八百屋に並ぶんだよ」と教えられるだけで、その様子をおおよそ理解することができます。また、調理実習や理科の実験など、何人かで作業を分担して行う場合にも、役割を交代して可能な限り全部の過程を自分の手の中で体験できるように配慮することが望まれます。

(3)　身体全体を使った体験

　身体全体を使った動きも、空間の理解やイメージの形成、運動発達の基礎として大変重要です。

　例えば、初めて入る部屋では壁伝いにぐるっと1周歩くことで、部屋の広さや家具の配置などを知ることができます。花壇に何が植わっているか、スーパーに何が売っているかも、動きながら順番に手で触って把握できます。このような、能動的に動いて外界に働き

かけ、世界の広がりを体感する体験を習慣づけることによって、もっと自分で動きたい、触って確かめたいというさらなる外界への興味・関心が育っていきます。

　音楽や手拍子に合わせて歩く・はねる・まわるなどの活動を通して、身体全体での表現方法を学びます。視覚障害児はどうしても運動の経験が不足し、動きがぎこちなくなりがちですが、小さい頃に身体を動かすことの楽しさを味わうことが、その後の運動発達の基礎となります。見た目にこだわるのではなく、盲児自身が動きをイメージして主体的に身体を動かすことが大切です。

　盲児は、生き物の観察や彫刻の鑑賞において、その形や動きを絵に描いて振り返りをすることが困難です。また、手で触って観察するだけでは十分に理解できない場合もあります。そのようなときに、観察したものの姿勢や動作を自分の身体全体で再現して確かめることも、観察を深めるために大事な学習方法です。彫刻の像を触った後に自分でも同じポーズをとってみること、あおむしが体を曲げ伸ばしして前に進む動きを観察して真似ることなどが、その例です。

　自分自身の身体を動かして表現するだけでなく、人形などのおもちゃや模型を手で動かして姿勢や動きを再現して学ぶこともよくあります。なお、人形遊びをするとき、視覚に障害のない子どもは自分と対面する向きで持ちますが、盲児は人形を向こう側に向けて抱くことが度々あります。盲児は写真や鏡を見ておらず「対面」という構図になじみがないため、自分と同じ向きにして空間の軸を合わせた方が、触って形を理解しやすいのではないかと考えられます。また、手前側より向こう側の方が手指をスムーズに動かしやすいという、後述する触運動の特性とも関係している可能性があります。

(4)　音を手がかりにした体験

　盲児にとって、音は情報入手のための重要な要素です。鈴入りボールの音を聞いてボールの軌跡や位置を把握したり、音の反響の仕方で壁の存在に気づいたり、手を叩いてその反響音から空間が広いか狭いかを判断したりします。さらに、音を手がかりとして環境を把握する力は、歩行においても大切な手段となります。したがって、周囲の音や人の声に注目する習慣や、音を上手に聞き分ける力を、小さい頃から体験的に養っていくことが大切です。

　盲児は、視覚に障害のない人達が気づかないような音の変化やおもしろさに、敏感に気づくことがあります。鳥の声を真似したり、ドアの隙間を抜ける風の音を楽しんだり、さらには、ものを叩いたり爪ではじいたりして自分で音を作って楽しんでいることもあります。特に、視覚障害のある子ども同士であれば、音への気づきを共有し、さらに音遊びを広げていく様子が見られます。しかし、周囲の人がおもしろさを分かってくれないと、子どもはその遊びをしなくなってしまいます。周りの大人が、盲児の音遊びに共感し、興味を示すことで、もっと注意して聞いてみよう、またやってみよう、という気持ちになり、音に対する興味を伸ばし、鋭敏さを育てることができます。

　音を聞く力は、学習活動にも大きく影響します。視覚に障害のない子どもにとって授業は、教師の話を耳で聞くと同時に、黒板を目で見ることで成り立っていますが、盲児は基

本的に音声だけが頼りです。音は出たらすぐに消えてしまい、後から聞き直すことができません。そのため、日ごろから音を聞き逃さないように注意する習慣を身につけることが、注意深く話を聞く大切な力につながります。

　なお、盲児が話の内容を上手に理解できるかどうかは、「話し方」とも深く関係しています。話し手に求められる、盲児が理解しやすい話し方のポイントとしては、①何をどこまで説明するのかを予め整理してから話す、②論理的、構造的な話し方をする、③児童生徒の体験と言語力を考慮して、具体的な状況が思い浮かぶような言葉や表現を選ぶ、④文字情報（漢字・漢語）を説明する、⑤既習の用語やその場で決めた言葉などを活用して無駄をなくす、⑥明瞭な発語、適度な大きさの声、適度な速度で話す、などがあります。

　最後に、皆さんもしばらく目を閉じて、周りの音に注目してみてください。普段は気にしていない様々な音が、急に大きく聞こえてくると思います。盲児は常にそのような状況にあり、視覚に障害のない人が思う以上に音を敏感に感じています。突然大きな声で話しかけられたら驚きますし、騒音から逃れようと耳を塞いでいる子どももよく見かけます。隣の教室から聞こえてくる声が気になって、授業に集中できないということもあります。そのため、耳を澄ませて必要な音を聞くことができる静かな環境を保障することも、盲児に対する配慮の大切な視点です。

　以上のように、盲児は、視覚以外のあらゆる感覚を使って外界の情報を得ています。その中でも、ものを詳細に観察したり点字を読んだりすることに直接つながる感覚は触覚です。そこで次節からは、触覚の特性と、それを踏まえた指導の方法を中心に述べていきます。

▶２．触覚の特性

⑴　触覚とは

　狭い意味での触覚は、皮膚に触れた刺激が起こす感覚を指します。触覚、圧覚、温覚、冷覚、痛覚などがこれに当たります。しかし、盲児が使う触覚はそれにとどまりません。単に指先で触れる（タッチする）だけでなく、対象物の輪郭をなぞったり、なでたり押さえたり、持ち上げてみたりというように、様々に手指を動かしてその特徴をとらえます。また、木の幹や彫刻のような大きなものは、両手を広げて端まで触ろうとしたり、抱え込んだりして、身体全体で観察することもあります。

　このように、盲児が視覚に代わる情報入手の手段として用いている広い意味での触覚は、指・手・腕などの筋肉の動き、手首・肘・肩などの関節の動きといった「触運動」によって得られる総合的な感覚です。触運動によって、手触り、質感、大きさ、形、曲線や直線、温度、重さなど、たくさんのことを理解できるのです。

⑵　全体像の把握の難しさ

　視覚は、同時に非常に多くの情報を取り込める感覚です。一方、触覚で把握できるのはせいぜい両手を広げた範囲であり、しかも、その中の全部を一度に把握することはできません。そのため、ものに触れた指先から継時的に入ってくる断片的な情報を記憶し、それ

を頭の中でつなぎ合わせて全体のイメージを作る必要があります。例えば、盲児が机の上の様子を知りたいとき、ただ机に手をのせただけでは何も分かりません。端から順に触っていき、その情報を総合して初めて、机の広さや、何がどこに置かれているかという全体像が分かります。

　このように、触覚を通した情報の入手は部分的であり、対象物の全体像を把握する活動には時間と集中力が必要です。そのため、触る活動には十分な時間を保障することが重要です。加えて、作業に使う道具をまとめて箱に入れて探す範囲を限定する、ものを置く位置をいつも一定にするというように、触空間を構造化することで、効率よく触ることができる環境を整えます。周囲の人がものを配るときには、何をどこに置くのか一言声をかける配慮が有効です。また、盲児自身に対しても、積極的に手を動かして触る習慣、記憶や整理整頓の習慣などが身につくように、日頃から声掛けや指導を工夫します。

⑶　触って理解しにくいこと・理解しやすいこと

　盲児は触覚を通して様々なことを学びますが、触れないものや、触るだけでは分からないこともたくさんあります。雲や山のように遠くにあって手がとどかない景色、虫のように小さすぎて触っただけでは形の細部が分からないもの、ビルのように大きすぎて全体を触れないもの、火のように触ると危険なもの、クモの巣のように触ると壊れてしまうもの、放物線を描きながら飛んでいくボールのように動いているものの姿や形、などがその例です。

　触れないもの・触っただけでは分からないものを理解する方法はいろいろあります。例えば、模型を活用することで、小さなものや壊れやすいものを細部まで丁寧に観察することができます。建造物の構造を詳しく知りたい場合は、全体の形は縮小模型を、間取りのような平面的な情報は触図を使う方法が効果的です。教室や体育館の四隅でそれぞれ手を叩いてもらい、音の方向や広がりを手掛かりにおおよその広さを把握したり、壁伝いに１周して広さを体感することもあります。

　一方、目で見ただけでは分からないけれど、触ってこそよく分かることもあります。例えば、理科の実験における吸熱反応や発熱反応には、丁寧に触って観察していればすぐに気づきます。ざらざら・つるつるなどの触感から、目で見ただけでは分からない細かな違いに気づくこともあります。表と裏を同時に把握すること（例えば１枚の木の葉を親指とその他の指で挟むようにして観察する）、何かで覆われた内側の様子を理解すること（例えば触って脈を取るなど）、手にのせたり持ち上げたりして重さを把握することなども、触覚でこそ得られる情報です。

▶３．上手に触る力を育てる指導と教材の工夫

⑴　触る力を育てる環境

　ものごとを「見て理解する」環境は世の中にあふれているのに対し、「触って理解する」環境は限られています。したがって、幼少期から実物や模型に触れる機会をできるだけ多く用意し、丁寧に触る習慣と、触って納得したいという意欲を育てることが大切です。何にでも触りたがる盲児は知的好奇心の強い子どもと言えますので、危険がない限り、でき

るだけいろいろなものに触らせます。盲児に「お行儀よく手はお膝」「触ってはいけません」と言うことは、時として知りたい・学びたいという意欲を奪ってしまうことになるので、注意が必要です。

　一方で、触ることを不安がる盲児もいます。見えない状態で知らないもの、予期していないものを触るのは非常に怖いことなので、その不安を理解し、安心して触れる環境を作りながら、知りたいという気持ちが怖いと思う気持ちに打ち克つことを期待して、焦らずに待ちます。例えば、周りの人が楽しそうに触る様子を示すことで、「私も触ってみようかな」という気持ちを引き出すことができます。また、どんな様子かを言葉で説明したり、大人の手の上に盲児の手を置かせて一緒に触ったりする経験を積む中で、やがて自分から積極的に手を伸ばして触るようになっていきます。

(2)　触察の指導

　触って観察することを「触察」と言います。触察においては、手指を能動的・探索的に動かして正確な情報を効率的に受け取る必要があり、その力は遊びや学習の様々な場面で系統的に育てていきます。

　触察の指導においては、一度に色々なものをたくさん触らせるのではなく、大事なもの・イメージの基本になるものを選んでじっくりと触らせることが大切です。また、触って理解するためには集中力と時間を要することにも留意が必要です。

　触察をする時には、言葉も大切な役割を果たします。触って得られたイメージは時として不確かなので、触って感じたことを言葉で表現させ、周囲の人がその言葉を修正したり、「合っているよ」とフィードバックしたりします。そのような言葉のやりとりの中で、盲児は触って得たイメージをより的確な言葉で表現できるようになっていきます。触ったものと言葉との結びつきを確かなものにしていくことで、理解がより深まります。さらに、イメージと言葉が結びつくと、目の前には何もなくても、いかにも今触っているかのように頭の中に思い浮かべられる力を身につけることができます。

　次に、上手な触察のポイントを示します。

　①両手を使って触る：両手を使うことで、一度に把握できる範囲が広くなります。両手の離れ具合から距離も判断できます。

　②すみずみまで触る：触り残しがないように、万遍なく触ります。

　③基準点を作って触る：位置や距離感が理解しやすくなります。数を数えるときにも役立ちます。

　④全体と部分を意識して触る：全体→部分→また全体と繰り返し触りながら、全体像と細部の両方のイメージを構築します。

　⑤触圧をコントロールして触る：対象によって触る力をコントロールします。例えば、岩や木の幹、壁のように硬くて大きいものを触るときは、手のひら全体を押しつけるようにして触ります。一方、生き物や刃物などを触るときは、力を抜いて優しくなでるように触ります。

　⑥温度や触感を意識して触る：温度や手触りの特徴によって、それがプラスチック製

か金属製かなど、材質の違いが分かります。温度を意識して触ることで、コップの中の水がどこまで入っているのかなども分かります。

(3) 触図を理解する力を育てる指導

　教科学習においては、盲児も触図を使う場面が多くあります。図形やグラフ、地図等の読み取り、作図など、その内容は基本的に視覚に障害のない児童生徒と同じです。しかし、手で触って図を読み取ることは非常に難しく、系統的な指導が欠かせません。

　触図の読み取りの準備段階としてまず必要なのは、手指を自由に動かす力です。手指は、自然に動かすと肘の関節を中心として弧を描くような動きをします。したがって、なぞった直線を「直線」と認識するためには、指先が弧を描かずに直線の上をまっすぐ辿れるようになることが必要です。また、指先から伝わる点や線の情報を特定の図として認識するためには、読み取った情報と頭の中にある図形のイメージを結び付けながら理解する必要があります。例えば、平面に描かれた三角形の触図を触るとき、触った瞬間に指が触れているのは線の一部や尖った角であり、三角形の全体像ではありません。指でなぞった情報を頭の中で全部つなぎ合わせて、既に知っている形のイメージとマッチングして初めて、「三角形」と認識するのです。

　以上のような、盲児が触図を理解するのに必要な力を育てるための教材として、文部科学省著作の点字教科書があります。小学1年生の算数の第1巻は、点字使用の児童のために特別に編集されたもので、線を辿ったり、基本図形を触って理解する力を、小学1年生から学年を追いながら段階的に学ぶための教材が多数収録されています。

　なお、先に述べた通り、触図を理解するためには、その図形の形に関するイメージを既に保有していることが前提です。したがって、具体物を用いて形態概念を育てることから始める必要があります。例えば、三角形の理解には、まず三角形に切り抜いた厚みのある板を使って学びます。板を持ち上げたり、手に握り込んで角を意識したり、ぐるっと縁を触って辺を意識したりしながら、三角形の特徴を頭の中で明確にイメージできるようにします。その後に、平面に線で描かれた三角形を触って、その読み取り方を学ぶという流れです。

(4) 触りやすい触図の工夫

　盲児の指導では触図を使う場面が度々あり、そのための教材を作る方法も様々です（資料1参照）。しかし、目の見える人が使う図をそのまま触図化しても理解できないことが多く、触図の作成には丁寧な工夫が必要です。

　まず、「どれだけ細かい部分まで識別できるか」という閾値が、視覚と触覚では全く違うことを理解しておく必要があります。例えば、目で見れば複数の線であっても、その感覚が狭ければ、手で触ると1本の線または細長い面に感じてしまいます。また、情報量が多すぎると触るのに時間がかかり、なかなか全体像を把握することができません。そこで触図を作る際には、原図全体を拡大する、描かれている要素が多すぎて分かりにくい場合は描く情報を減らす、形が細かすぎて分かりにくい部分はデフォルメする、線の太さを変える、などの工夫が重要です。

視覚に障害のない人が使う図をそのまま触図化しても盲児には理解しにくいものの典型として、3次元の立体を2次元の平面に描いた図があります。一般の教科書では見取り図が多用されていますが、見取り図は視覚に障害のない人の感覚で「見て」理解するためのルールにのっとって描かれており、盲児、特に視経験のない先天盲の子どもが直感的に理解することは困難です。例えば、図4－2左の立方体の見取り図には平行四辺形が二つ含まれていますが、立方体の具体物を触ったときにはどこにも平行四辺形はありません。一方、右の展開図には立方体の面の形（正方形）が実際の面の数だけ（6個）含まれており、こちらが盲児にとって理解しやすい表し方です。展開図は切り抜いて組み立てると立方体になるため、図と立体の対応関係を実感を伴って理解することができるのです。なお、立体図形の学習においては、まず積み木などの具体物を使って立体の特徴をしっかりとイメージできるように指導し、その後に図を使った学習に移行するという順番であることは言うまでもありません。

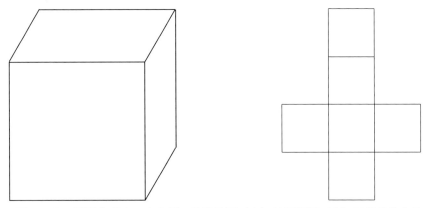

図4－2　触図作成の工夫の例。見取り図（左）は展開図（右）に置き換える。

▶4．点字の指導

(1)　点字学習のレディネス

　盲児の点字学習は通常、小学校に入学してすぐに始まります。一般に、学習の成立にとって必要な、前提となる知識や経験などのことを「レディネス」といい、点字の学習を始めるためのレディネスとしては、主に以下のものがあります。

　まず、点字は「文字」であるため、その学習には言葉の発達が不可欠です。加えて、これまで述べてきたような、触って理解するための基本的な力の習得が必要です。また、点字は小さな空間内の点の位置の違いで表現された文字であるため、その読み取りのためには、身体の軸を基本とした上下左右などの空間の理解ができていること、1、2、3といった数概念が備わっていることも重要です。

　文部科学省著作の点字教科書には『点字導入編　点字を学ぼう』という別冊が用意されており、小学部1年生の児童に配布されます。この教科書の前半部分には、行をまっすぐたどる、点字の切れ目に気づく、点字の形の変化に気づく、点の位置を弁別する、といった様々な導入教材が収録されています。そして後半部分では、実際の点字を段階を踏んで

学んでいけるように構成されています。

(2)　点字の読みの指導

　点字をスムーズに読むためには、指先を立てず，指を寝かせて指先の腹を使います。指を強く押しつけすぎないように留意し、なでるような軽い触圧で読めるように指導します。児童は、初期の段階では指を上下に動かしがちですが、指先の腹で1マスの6点を同時に認識し、できるだけ真横に滑らかに指を移動できるようにすると、読速度が上がっていきます。そして、右手で行末を読んでいる間に左手は次の行頭に移動するというように、両手の分業ができるようになると、さらに効率的に読むことが可能となります。

　同時に複数の文字を視野に入れ、時には先の方まで見通して読むことのできる通常の文字と違って、点字は指先が触れた部分しか認識できません。したがって、点字を教科学習等の手段として使えるようにするためには、単語や文章のまとまりで読めるように根気よく練習を重ねることが大切です。しかし、まだ1文字ずつしか頭に入ってこないような初期の段階では、読んでも文章の意味がとれず、子どもによっては読むことを苦痛に思うことがあります。まず読み聞かせで物語の楽しさを味わった後に同じ文章を点字で読んでみたり、教師と交代で読むことで負担を減らしたりして、読むことへの興味を持続させながら練習を継続して、読速度を上げていきます。

図4－3　両手を使って点字を読んでいる様子

(3)　点字の書きの指導

　点字には漢字がなく表音文字であるため、言葉の切れ目（文節）でマスを空ける、分かち書きという表記法を用います。そのため、言葉の切れ目としての単語や文節の理解ができるようになってから、書きの指導を導入します。

　点字を書く道具は、導入期においてはパーキンス・ブレーラー（表書きの点字タイプライター）を使って教えることが多いようです。この機械は点字が表に出てくる仕組みで紙を裏返さずに読めるため、また、点字盤と違って読むときと書くときで左右が逆にならな

いため、子どもにも分かりやすいと考えられているからです。一方、点字盤は点字タイプライターに比べると小さくて軽く、どこへでも持ち歩けます。また、書くときの音が静かなので、郊外学習などの訪問先でメモを取るのにも欠かせない道具です。手指の細かな動作などができるようになってくれば、点字盤を使って書く指導も大切です。

　点字は1点でも間違えると全く違う文字になってしまいます。特に算数の計算では、式を書いている途中で数字を書き間違えると、その後の計算が全部間違ってしまいます。このような誤りを防ぐために、日頃から点字を正確に書く習慣を身につけさせることが重要です。また、点字でノートをとる場合には、ある程度の時間がかかりますし、後から修正したり書き込みをしたりすることが困難です。したがって、何をどのように書くか考えをまとめてから書くように、効率的なノートテイクの方法を系統的に指導することも求められます。

　なお、点字の表記法や点字を書く器具の詳細等については、第6章を参照してください。

4

キーワード

核になる体験、触運動、触察、点字の指導

復習問題

1．盲児にとって「核になる体験」が大切とされていますが、それは何をどのように体験することですか。
2．触れないもの、触るだけでは分からないことには、具体的にどのようなものがありますか。また、それらを盲児に理解させるための方法について説明しなさい。

【文　　献】
1）　香川邦生編著（2016）五訂版　視覚障害教育に携わる方のために．慶應義塾大学出版会.
2）　文部科学省（2003）点字学習指導の手引（平成15年改訂版）. 日本文教出版.
3）　文部科学省（2020）特別支援学校（視覚障害）小学部点字教科書の編集資料（令和2年4月）.
　　　https://www.mext.go.jp/a_menu/shotou/tokubetu/material/1402966_00001.htm

コラム②　　　学校と博物館の連携

　視覚特別支援学校（盲学校）では、視覚に障害のある子ども達の触察（触覚による観察）や保有する視覚を効率的に使った観察の力を系統的に育てるための教育が行われています。しかし、様々な自然標本・歴史的資料・芸術作品などに触れる体験を子どもたちに提供するには、学校の資源だけでは限界があります。子どもたちの体験の幅を広げ、学びを深めるために、博物館や美術館との連携が大きな助けになります。

　最近では、多くの博物館が、事前の申し込みに基づき、触察できる物を提供しています。学校に出張して「移動博物館」を実施する館も多くなりました。しかし、博物館の学芸員はそれぞれの分野の専門家ですが、視覚障害教育の専門家ではありませんから、博物館にお任せ状態では、せっかくの機会が生かせません。

　博物館学習を効果的に実施するためには、学校側の主体的な取り組みが必要です。博物館と学校の連携による博物館学習は、次のように進める必要があります。

(1)　博物館学習の目標を明確にして、テーマと教材を決める
　　子ども達の生活や、授業の内容のうち、視覚に障害があるために理解しにくいものは何か、体験させたくてもできないものは何か、博物館が提供できるものは何か。

(2)　授業計画の立案
　　視覚に障害がある子どもの観察学習を効果的に進めるための時間配分や、学習の進め方について、学校側が計画を立て、博物館側に説明して理解していただく。

(3)　教師と博物館の学芸員の役割分担
　　原則として、授業は教師が進め、子どもの発見に対する専門家のコメントを博物館にお願いする。

◇各地の試み

国営沖縄記念公園（海洋博公園）：沖縄美ら海水族館

　水族館は、水槽越しに魚などを観察する視覚的展示中心の博物館ですが、沖縄美ら海水族館では、2008年から視覚障害教育関係者と連携して、触って観察できるプログラムを開発しています。現在では、①県内外から来館する視覚障害者に対して実施する「触察対応」（県立沖縄盲学校の校外授業や、他県からの修学旅行の受け入れ）、②県内外の視覚特別支援学校（盲学校）や、科学へジャンプ※などで、標本を用いた授業を行う「講師派遣」、③県内外の視覚特別支援学校（盲学校）へ標本を貸し出す「標本貸出」などのサービスを提供しています。このほかに、館内には、視覚障害の有無にかかわらず誰もが楽しめるハンズオンコーナーも充実しています。

写真1　アオザメ成魚の頭部標本の触察

　写真1は、科学へジャンプで実施した「サメのふしぎ」のワークショップで、参加生徒がアオザメの頭のプラスチネーション標本を触っているところです。プラスチネーション標本は、生物標本の組織内の水分や脂肪分を合成樹脂で置き換えた標本で、生きていたときの実物の大きさや形の触察に適しています。ワークショップでは、ほかに、サメ（軟骨魚類）の子どもや、コイ（硬骨魚類）の液浸標本（触って観察するために、標本作製に用いたホルマリンを抜いてアルコールで置換し、さらに前日にアルコールを水で置き換えたもの）や、サメのアゴの骨や歯の乾燥標本などを組み合わせて、魚類の専門家である学芸員が講師を務めました。

　このほか、修学旅行などの来館者には、ウミガメやイルカなどの生きものに触れるプログラムも用意され、学校側との事前の周到な話し合いをもとに柔軟な対応が行われています。

川越市立博物館

写真2は、川越市立博物館が、埼玉県立特別支援学校塙保己一学園（以下、県立盲学校）で実施した移動博物館で、「昔の農家の暮らし」というテーマに沿った体験活動のひとつとして、視覚に障害がある児童が、博物館の学芸員と地域のボランティアの指導を受けて、糸車の体験をしているところです。ここで、綿の種を取る道具の使い方や糸くりの仕方を学んだことで、国語教材の「たぬきの糸車」を、具体的なイメージを持って学習することができました。

写真2 移動博物館で、糸車を使って糸くりを体験する児童

川越市立博物館は地域の歴史系博物館として教育普及活動に力を入れており、①児童生徒が博物館に来館し、収蔵資料を用いて博物館職員と学校職員で行う「博物館授業」、②博物館職員が収蔵資料を持って学校に赴き、博物館職員と学校職員で行う「訪問授業（移動博物館）」を実施しています。県立盲学校との連携は1990（平成2）年の開館当初から始まり、改良を重ねて2005（平成17）年からは訪問授業（移動博物館）の形が定着しています。

この取り組みの中で、県立盲学校の担当者が留意したことは、博物館と学校の担当者の話し合いをきちんと持ち、①お互いに何ができて、何ができないのかを明確にする、②子どもたちにどんな力をつけるための取り組みなのか、今回の目標は何かを共有する、③それぞれの果たす役割をはっきりさせることでした。

さらに、県立盲学校と川越市立博物館との連携の発展として、科学へジャンプイン東京では、「本物の土器を触ろう」というテーマで、同博物館から本物の土器をお借りし、博物館の方々も授業に加わる取り組みなどが行われています。

日彫展「触れる彫刻鑑賞教室」

写真3は、毎年、日本彫刻会が美術館で開催する『日彫展』で行っている「触れる彫刻鑑賞教室」で、視覚特別支援学校（盲学校）高等部の生徒たちが、彫刻家と対話を交わしながら作品を触って鑑賞している様子です。この鑑賞会では、作家の了解が得られた彫刻作品を生徒たちがじっくり触って鑑賞し、彫刻家が生徒たちとともに展示会場を回り、対話による解説を行います。

事前に生徒たちに作品の簡潔な解説文が配られ、それを読んだ生徒たちが当日鑑賞したい作品を自分で決めて主体的に鑑賞します。鑑賞教室に参加した生徒から、例えば、「使う素材によって作品のイメージが変わることを初めて実感し、新鮮さを感じた。作品を触って、季節や状況を想像するだけでなく、作者の方や友達と言葉を交わすことができたのが何より楽しかった。」といった感想が寄せられています。

写真3 彫刻作品を鑑賞する高等部生徒と対話による支援を行う彫刻家
「触れる彫刻鑑賞教室」第44回日彫展

最近は、美術館で彫刻作品などに触ることができる機会が増えてきました。この事例のように、高校時代に充実した鑑賞を体験することで、人類の文化のひとつである美術作品に対する興味・関心が生徒達に芽生えて行くことでしょう。

※ 科学へジャンプ：全国各地で開かれている視覚障害児のための科学体験活動

第5章
弱視児の指導

　視覚障害は大きく「盲」と「弱視」に分けられますが、本章では「弱視」に分類される子どもたち、すなわち保有する視力を活用して学習・生活している児童生徒を取り上げます。目を近づけたり、補助具や支援機器を使ったりして視覚を最大限に活用しますが、それでも視覚に障害のない人とまったく同じように見えるわけではありません。できるだけ見やすく学びやすい環境を整え、教材や指導法を工夫する必要があります。

▶1．弱視児の視覚認知

(1)　弱視児の視覚認知の特徴

　弱視児の視覚認知の特徴として、次のような困難を挙げることができます。弱視児は、これらの困難さをいろいろな方法で補って学習をする必要があります。教師は、弱視児の視覚認知の特徴を十分に理解した上で指導にあたり、教材や教具を工夫することが必要です。

　　①細かい部分がよく分からない。例えば、画数の多い漢字を似ている字と間違える。

　　②大きな物の全体把握が困難である。例えば、目の前にあるビルの全体の形がわからない。

　　③全体と部分を同時に把握することが難しい。例えば、地図帳の中の文字と地図全体の形を同時に見ることが難しい。

　　④境界がはっきりしない。例えば、床と階段の境目がわからない。

　　⑤立体感に欠ける。例えば、奥行きがわからない。

　　⑥動いている物がよく見えない。例えば、飛んでいるボールの動きが追えず、球技でパスを受け取れない。

　　⑦遠くの物がよく見えない。例えば、遠くの山の景色が見えない。

　　⑧知覚の速度が遅い。知っている人の顔でも、すれ違う際にぱっと見て誰か判別できない。

　　⑨目と手の協応動作が難しい。例えば、紙をはさみで線に沿って切るのが苦手である。

　　これらの特徴には、盲児が触覚を通して情報を得る際の困難さと共通する内容が多く含まれています。

(2)　行動への影響

　弱視児は物を見るとき、一見通常とは違う行動を示すことがあります。しかしそれは弱

視児の見え方に起因する行動であったり、少しでもよく見るための工夫として行っている行動です。

　例えば、弱視児の多くは、物を見る時に目を近づけます。「目で触る」と表現されるほど、目を物にこすりつけるようにして見ている場合もあります。これは、視距離を短くすることで、網膜に映る像（網膜像）を拡大して見る行動です。理論上、例えば視距離を1/10にすると、見る物を10倍に拡大したときと同じ大きさの網膜像が得られます。目を近づけて見ることは道具や場所に左右されずに、細かい物を大きく見ることができる一番簡単な拡大方法です。そのため、危ない場合以外は、目を近づけることを禁止せずに、子どもの様子を見守ります。

　また、見ようとしている物から視線がずれていたり、人と視線が合わない弱視児もいます。これは、視野の中心が欠けている場合などに、その子どもの目の一番よく見える部分で見ていることによる行動です。

　さらに、知っている人と廊下ですれ違っても気づかずに、自分からは挨拶ができないことがあります。人とすれ違ったことはわかっても、とっさに顔を判別することは難しく、相手が誰かわからないために起こる行動ですが、「無視している」と誤解を受けてしまうこともあります。本人の名前を呼んでこちらから先に声をかけるなど、周囲の人たちが弱視児の行動を理解して接することが大切です。

(3) 見え方の理解の難しさ

　弱視児は自分から「見えにくい」と言わないことがあります。しかし、そのような場合でも教師は「見えているだろう」と安心せずに、弱視児の行動を観察し、何が見えていて何が見えていないのか、何に困っているのかを判断して指導しなくてはいけません。

　では、なぜ自分から「見えにくい」と言わないのでしょうか。

　まず、よく見えた経験がないために、弱視児自身が「よく見える」という状態を知らず、他の人たちに比べて見えにくい状況にあるにもかかわらず、そのことを自覚していないことがあります。

　一方、見えにくさを自覚していても、自分からは「見えにくい」と言わないこともあります。その理由として、「普通の仲間として扱われたい」という思いがあることも理解しておく必要があります。「見えにくい」ことを周囲に知られると、仲間ではなく特別な人と思われるのではないかと恐れてしまうのです。

　さらに、いったんは見えにくいことを教師に申し出たにもかかわらず、その後は、見えていなくても何も言わなくなる場合があります。例えば黒板が見えにくいという申し出に対して、教師が席を最前列にするという配慮をしても、その位置からも板書が見えないことがあります。文字は大きくても線が細ければ見えないことがありますし、チョークの色によって見えないこともあります。このように、周囲の人が配慮をしてくれていても見え

にくい場合には、さらに言っても、見やすい状況を得ることができないと考えて、それ以上の要望をあきらめてしまうことがよくあります。このような弱視児の行動は、「ものいわぬ弱視児」（文献5）といわれることがあります。

とはいえ、自身の障害を理解した上で、自分から状況を説明して支援を求める力を育てることは大切です。例えば、同年代の弱視の友達と遊んだり話したりする経験は、気持ちを分かち合い、自分の障害を理解することにつながります。さらに、社会で活躍している弱視の大人との交流などを通して、将来の自分の姿をイメージし、必要なニーズを理解し、支援を依頼する方法を学ぶことができます。

▶2．見やすい環境の整備

⑴　明るさの調整

弱視児の見え方は明るさによって大きく影響を受けます。また、その影響は疾患の種類によって様々です。例えば、部屋の照明や壁の白さだけでも、まぶしくて見えにくいと感じる弱視児がいます。逆に、夕方ぐらいの明るさでも、暗くて見えにくいと感じる弱視児もいます。暗い廊下から急に明るい運動場に出るときのように、明るさの変化があると、適応が困難な場合もあります。

まぶしさが苦手な場合は、特に屋外での活動においては帽子や遮光眼鏡の使用が必要です。一方、暗さが苦手な場合は、机の上に個別の照明器具を置くことが有効です。教室では、ブラインドカーテンや遮光カーテンで太陽光を遮った上で照明を利用することで、室内における明るさを調整することができます。

紙の色にも注意が必要です。白い紙に黒い文字ではまぶしさで見にくく感じる弱視児もいます。その場合は、くすんだ色の紙に印刷したり、黒地に白い文字（白黒反転）にした方が見やすくなります。拡大読書器等を使用することでも、白黒反転できます。

⑵　見やすく使いやすい道具の選定

疲れずに学習する姿勢を保てるように、適切な高さの机や椅子は欠かせません。弱視児は視距離が短く机の面に顔を近づけて学習するため、通常より少し高めの机がよい場合もあります。また、文字を読み書きするときに、自分の頭や文字を書く手で照明の光を遮ってしまいがちです。そのような場合には、書見台や傾斜机を使用することで、視距離と明るさの両方を確保することができます。

毎日使う学用品も、見やすく使いやすい物を選ぶことで学習がしやすくなります。

ノートは、マス目の大きさ、行の幅、罫線の太さなどに注意が必要です。罫が太く罫線のコントラストがはっきりした弱視者用のノートも市販されています。教師が見え方に合ったノート用紙をパソコンで作成し、印刷して使わせることもできます。ただし、罫線が太すぎると書いた文字と区別がつきにくくなってしまうため、罫線の太さはそのままに

濃くする工夫をすると見やすくなります。

　筆記用具は、薄い鉛筆では自分の書いた線が見にくいため、濃いめの鉛筆を選びます。また、鉛筆の先が丸まって線が太くなると、正確に書けているかどうかの判断が困難になってしまいますので、授業前に鉛筆を削って準備する必要があります。太めの芯のシャープペンシルを使用することも有効です。

　定規は、目盛りが読みやすくシンプルなものが有効です。コントラストのはっきりした白黒反転定規も市販されています。1㎜単位の目盛りを読むことが難しい場合は、視覚補助具等を用いるほか、5㎜間隔の目盛りを手掛かりに、推測して1㎜単位で読み取る方法もあります。ただし、細部を見ながらの正確な手作業が苦手な弱視児にとって、作図はとても難しい課題の一つです。指導者はそのことを十分に理解し、授業のねらいをはっきりさせて、例えば算数の学習における作図であれば、図をきれいに描く技術だけでなく、何のためにどのような図を描くのかを理解していることや、道具を正しく使おうとする態度に注目して指導し評価します。

▶3．教材の工夫

⑴　拡大

　弱視児にとって読みやすいサイズに文字を拡大する最も手軽な方法は、コピー機を利用した拡大コピーです。例えば、拡大率1.4倍（面積で2倍）にすれば読める場合や、特に文字が小さくて読みにくい表や注釈部分だけを拡大したい場合、新出漢字だけを拡大してはっきり見たい場合などは、拡大コピーの活用が有効です。

　しかし、もっと拡大率を大きくしたい場合には、拡大コピーでは不十分です。なぜなら、A4の紙を拡大率1.4倍でA3の大きさに拡大しても、10ポイントの文字が14ポイントに拡大されるに過ぎません。また、文字だけでなく行間などのすき間や紙そのものも大きくなり、文字を読んだり探したりする範囲が広がって見づらくなります。紙のサイズが大きくなると、その取り扱いにも苦労します。

　文字のサイズを必要な大きさに拡大し、余白や行間、紙面の大きさにも配慮した拡大教材を作成するためには、パソコンなどを用いて、文字の大きさとともに、紙面のレイアウトなども編集することが必要です。

　フォントの種類にも配慮することで、読みやすさが向上します。一般によく使われる明朝体は、縦線は太いのですが横線が細いため見えづらいことの多い書体です。一方、ゴシック体はどの線も同じ太さなので比較的見やすいのですが、はね・はらいはわかりにくいため、文字を覚える段階の子供たちには楷書体をベースに作られている教科書体の方がよいとされてきました。近年、ユニバーサルデザインのフォント（UDフォント）の一つとして、弱視児・者の読みやすさにも配慮した教科書体が開発されました。Windows10にも標準搭載されており、ますますの活用が期待されます。

(2) 単純化とノイズの除去

例えば市販の地図帳は文字が小さく、情報量も多いため、弱視児には見にくいものです。文字を見やすくするために拡大コピーをすると文字サイズは大きくなりますが、情報量が多い中から目的の情報を見つけるのにはやはり時間がかかります。そのため、まず元の図から使う目的に応じて不要な情報を削除して情報量を精選し、シンプルな図を作成することが必要です。

弱視児向けに情報を精選した教材としては、弱視児の使用を想定し、要素を厳選して大きさ・色・コントラスト等にも配慮した地図帳が市販されています（資料1参照）。市販の地図帳ではカバーできない内容については、線を太くした白地図に山や河川など、必要な情報のみを入れた地図を教師が手作りして地形の学習に使用する工夫などがあります。

(3) 図と地のコントラストの増強

弱視児にとって、コントラストをはっきりさせることは見やすさの重要な条件です。淡い色の紙に同系色の濃い色で文字を印字した教材や、コピーを繰り返した紙の教材は、図と地のコントラストが低くなってしまい、見えにくいことがあります。例えば、文字を強調するためには薄い網掛けではなく枠線で囲む、アンダーラインをひくなどの方法が有効です。また、できるだけ明瞭に印刷された教材が必要です。

コントラストをはっきりさせるためには色彩の配慮も必要です。例えば円グラフなどを色分けするときは、色だけで分けずに、色の境界に線を引いてはっきりさせます。白黒コピーをしても伝わる図は、弱視児にとっても見やすいと考えられます。板書に用いるチョークは、黒板とのコントラストがはっきりする白や黄色を使うと見やすくなります。一方、赤や青、緑のチョークはコントラストが低く、弱視児には見えづらいことが多いものです。

▶4．視覚補助具・支援機器

レンズを用いて光を屈折させて網膜像を拡大し、小さく細かい物を大きく見せるのが弱視レンズです。小さくて持ち運びがしやすいので、場所や時間を選ばず使うことができます。また弱視レンズ以外に、見る物をカメラで映してモニターに大きく表示する拡大読書器もあります。

(1) 弱視レンズの種類

弱視レンズには、遠用弱視レンズと近用弱視レンズの2種類があります。

遠用弱視レンズ（単眼鏡）は、短い距離でもピントが合うように

図5−1
遠用弱視レンズ（単眼鏡）を使って遠くを見ている様子

作られていて、例えば黒板や掲示板、駅の時刻表などを見るのに用います（図5－1）。

　近用弱視レンズ（ルーペ）は読書・観察など、近くの物を見る用途に使います（図5－2）。学習だけでなく、子どもは遊びの場面でトレーディングカードを見たり、大人であれば日常生活の中で冷凍食品の調理法を見たりというように、生活の中の様々な場面で使われています。形では、手持ち型・眼鏡型・卓上型に分けられます。中でも様々な場面で活用されるのは手持ち型（図5－3）です。手持ち型は小さく携帯しやすく、目とレンズ、レンズと対象物の距離を調整できるため、使う場面や見え方に合わせてピントを調節することができます。

図5－2　左手に手持ち型近用弱視レンズを持ち、書見台を使って読書している様子

図5－3　手持ち型近用弱視レンズの例。レンズに枠のみがついたもの（左奥）、ケースから繰り出すもの（左手前）、レンズが何枚か重なっているもの（中央）、ライトつきのもの（右）

（2）　弱視レンズの選定

　弱視レンズは使う人の視力、眼疾患、年齢、使用場面などによって選定します。

　遠用・近用ともにレンズにはさまざまな倍率がありますが、倍率が高ければよいというわけではありません。倍率が高くなると、ピントを合わせるのにより技術が必要になり、実視界も暗く狭くなってしまいます。見ようとする教材が視認できる倍率で、さらに形・大きさ・重さ・操作性・堅牢性に注意しながら、用途に合った物を選びます。

（3）　弱視レンズの指導

　弱視レンズは、持ってすぐに自由に使えるというものではありません。ピントを合わせることや、ピントを合わせながら見る物に沿って動かすこと、狭い視野でスムーズに文字を読むことなど、速く正確に使いこなす技術が必要です。したがって、段階的で継続的な練習を行うことがとても重要です。指導の開始時期は小学校入学前、理想的には入学の1年前からとされています。

　早期からの継続的な指導が必要な理由はいくつかあります。まず、早期に指導を始めた方が、結果として、より高度な技術を身につけることができます。また、年齢が高くなるほど、他の子どもは使っていない特別な道具を使うことに抵抗感が生まれてしまいます。さらに、見えないことに慣れてしまうと、見えることの便利さや大切さを理解することは

難しくなってしまいます。そして、小学校中学年以降になると、教科書の文字は小さくなり、文字の分量も増え、板書も多くなっていきます。そうなる前に技術を身に着けておくことで、スムーズに学習に参加することができます。

　就学後は、自立活動の時間に使い方を指導するだけでなく、単眼鏡を使って板書をノートに写したり、ルーペを使って教科書や資料を読むなど、毎日の学習において活用することで、習った技術を忘れることなく、使いこなせる自分の技術にしていきます。将来社会に出た後、補助具なしで読みやすい資料がいつでも用意されるとは限りません。自分で周囲に依頼して読みやすい資料を入手する力も必要ですが、視覚補助具等を使いこなす力も併せて必要です。そのため、教師は教科の授業の中でも自立活動の視点をもち、補助具を使う場面を設けていくことが大切です。

(4)　拡大読書器

　拡大読書器（図5－4）は、見る物をカメラで映してモニターに大きく表示します。弱視レンズよりも高倍率まで拡大でき、また、色の変更や白黒反転もできます。据え置き型には読む資料をスムーズに動かせるテーブルがついています。持ち運びもできる折りたたみ型、比較的小さな携帯型も販売されています。据え置き型の拡大読書器は大きいため、教室で使うときは、弱視児の机の横にもうひとつ机を縦につなげ、机全体をL字型にして、黒板を見るときは正

図5－4　据置型拡大読書器で資料を拡大・白黒反転させて読書している様子

面を向き、読むときは90度横を向いて拡大読書器を使うと学習しやすくなります。遠くと近くを切り替えてモニターに拡大できるタイプでは、切り替えれば板書や掲示板も手元のモニターに映し出して見ることができます。

(5)　タブレット端末の活用

　近年は、タブレット端末等のICT機器も積極的に活用されています。紙の資料や黒板をカメラで撮った画像、スキャンしたファイルやPDFファイルを拡大して見る・読むだけではありません。カメラとモニターが一体であることを活かし、例えば、遠くのものを写真に撮って拡大して見る、身体の動きなどを動画で撮影してスローモーション再生して見る、撮った写真の色を反転させて見る、地図などの全体と部分を行き来しながら見る、色を判別するなど、様々な機能・アプリを駆使することで、視覚を補う道具のひとつとして活用されています。アームや台を組み合わせて固定することで、拡大読書器のように使われる場合もあります。

▶5．指導の実際

⑴　文字の指導

①読みの指導

　弱視児の読みには、細かい物が見えにくいため似ている字を間違える、一度に見える範囲が狭く同時に見える文字の数が少ないため、読みの速度が遅い、行を飛ばしてしまってどこを読んでいるかわからなくなるなどの特徴があります。そのため弱視児は、もどかしい思いをして、読みに苦手意識を持ってしまうことがあります。しかし、文章を読む速度が遅いと、なかなか内容を理解することができません。１文字ずつ読むのではなく、文字を言葉のまとまりとしてとらえることができる速さで読むことで、内容の理解がしやすくなります。このように、内容のスムーズな理解のためにも、読速度は大切です。

　読速度を上げる指導においては、ただ速く読めばよいわけではなく、内容を理解しているかどうかを確かめながら、スムーズに読むためのポイントを指導します。例えば、行を読み飛ばさないように、読み終えた行から目を離さずスムーズに次の行に移って読む習慣をつけることが大切です。目（頭）や近用弱視レンズをスムーズに動かして読むことに慣れてくると、それにつれてだんだんと読速度が上がっていきます。

　読んで文章を理解する力は全ての学習の基礎となるものですから、このように丁寧に指導することが大切です。

②書きの指導

　視覚に障害のない子どもは、家や学校、街中などにあふれている文字を無意識に読むことで文字を覚えたり、覚え間違いに気づいたりすることがよくあります。しかし弱視児は、このように生活の中で無意識のうちに文字を学習することは困難です。そのため、初めて学ぶ時に正しい文字を身につけさせることが大切です。また、最初に手本を見て練習するうちは正しく書けていても、手本を確認せず多くの文字を書くうちに、間違って書いてしまい、その間違いが定着してしまうこともあります。そのため、回数を多く書かせるのではなく、教師が見ている前で、正しく、丁寧に書かせる指導が重要です。

　教材にも配慮が必要です。正しい文字パターンを認識しやすいように、漢字の手本はその弱視児にとって１点１画がよく見える大きさで作成します。また、弱視児にとっては、離れた手本を書き写すのは困難なことですから、手本をすぐ横に置いて、見比べながら練習できるように、ノートのマスの横に手で持って移動できる、カード式の手本を使用することも有効です。

　正しい文字を身につけるには、筆順の指導も大切です。弱視児は他の人が書く動作を見ることが困難なために、正しい筆順を学ぶ機会が不足しがちであり、間違った自己流の筆順が定着してしまうこともあります。しかし、筆順はその文字を書く時に無駄なく、形を

整えて書ける順番です。横の線は左から右、縦の線は上から下など、基本になる規則を身につけることが大切です。筆順を正しく身につけることで、多少バランスが崩れていても、間違いなく読める文字を書くことができるようになります。黒板や空中に大きく文字を書くなどして、視覚だけでなく、手・腕などの筋肉や手首・肘・肩などの関節の動きの感覚も利用して、手の動きとして漢字を覚えることも有効です。

　さらに、漢字の部品（部首）に注目した指導も大切です。漢字を、基本漢字・へん・つくりなどの部品の集まりとして理解することで、字形パターンとして認知しやすくなり、漢字を曖昧な字形ではなく「部品の組み合わせ」として正しく覚えることができます。また、漢字の構成部品を言葉で補うことも、漢字の理解の助けとなります。

⑵　実技教科の指導
　身体の動きや作業が求められるような、体育・家庭・図画工作等では、見え方や学習内容に合わせた細かい工夫が必要です。

　体育は、「走る」内容であれば、児童生徒の見え方に応じて、スタートとゴール・白線をはっきり見えるような色や太さで描いたり、伴走者と共に走ったり、ゴールに音源を置いてゴール地点で教師や友達が声で知らせる等の配慮ができます。「投げる」動作は見えるように近くで丁寧に教えることで身につけることができますが、捕球は、スピードのあるボールを見て捉えることが難しいため、投球に比べ困難な動作です。コントラストの明確なボールを使い、ゆっくりとしたボールの受け渡し運動からだんだんと速いボールに移行していく方法があります。「跳ぶ」内容では、踏切板や跳び箱の手をつく位置にテープで見やすい線を引くという方法もあります。チームで行う球技では、弱視児と行うときの特別なルールを児童生徒と考案し一緒に行うことも考えられます。ただし、眼疾患によって、どうしても同級生と一緒の活動ができない場合は、個別の活動を行うこともあります。

　図画工作では彫刻刀やのこぎり、家庭科ではミシンや包丁など、安全面での配慮が必要な道具を使うため、弱視児には一層の配慮が必要です。図やビデオ教材等を活用したり、実際に手をとって指導し、道具の構造や使うときの手指の操作を理解してから実習をすることで、安全な操作につなげることができます。のこぎりで切る場合は、切る線を明確な黒線のけがき針で凹線にしておいて指先で確認しやすくする、材料を固定補助具で固定し添え木などでガイドして切断するのが効果的とされます。彫刻刀は、安全カバー付きの彫刻刀が市販されています。刃物を使う場合は、実験と同様に安全ゴーグルをつけるとよいでしょう。家庭科で針に糸を通すときは、市販の糸通し器やワンタッチ針等の道具を使うことで、短時間で確実に行うことができます。道具を見やすく整理整頓することも、学習のしやすさにつながります。

　音楽では、たくさんの情報の入った楽譜は見にくいものです。楽譜を拡大する、五線譜と歌詞を分けて作成するなど、見やすい教材づくりが大切です。初見で演奏することが難

しい場合などは、予習が必要になるでしょう。また、合奏等の活動では、事前に他者の動きを間近で見せたり、言葉でタイミングを補う等の配慮が必要です。

　小・中学校に通う弱視児では、体育のドリブルやパス、シュート等の動作や、図工・家庭科等の道具の使い方等の指導を弱視学級・通級指導教室で事前に個別に行い、授業（実習）では他の児童と一緒に活動するという方法も取り入れられています。

(3)　視覚だけに頼らない指導

　ここまで、弱視児にとって見やすい環境の整備や教材の工夫、指導上の配慮事項などを紹介してきました。しかし、細かいものや複雑なもの全てを視覚で把握することには限界があります。そのため、視覚だけに頼らず、触覚や聴覚など他のあらゆる感覚を活用して情報を多面的に取り入れるという視点も重要です。

　例えば植物の観察では、触って観察することで、触る前に気がつかなかった細かい部分に気づくことができます。触覚で気づいた後でもう一度観察すると、その前には気づかなかった細部の特徴を、視覚でもとらえられることがあります。これは、触って気づいたことで観察のポイントが定まり、より細かい部分を見ることができるようになった例です。

　前述の糸通し器やワンタッチ針は、手元を見なくても触覚を活用した動作のみで行える道具です。このように、視覚を使わなくても作業しやすい方法・道具を活用することで、短時間に効率よく確実に作業できることがたくさんあります。

　さらに、言葉を耳で聞いて理解する力を育てることも大切です。例えば、弱視児はノートを書くのに時間がかかることが多いので、聞いた話を頭の中でまとめてから大事なことだけを書く指導、すなわち、盲児と同じようなノートの取り方を指導することが有効な場合も少なくありません。

5

キーワード

視覚認知の特徴、拡大教材、視覚補助具、文字の指導、実技教科の指導

復習問題

1．弱視児は自分が「見えにくい」ことをなかなか言わないことが多いと言われます。それにはどういう理由が考えられますか。
2．弱視児に対する漢字の指導が重要な理由と、具体的な指導方法を述べなさい。

【文　　献】
1）　稲本正法ほか編著（1995）教師と親のための弱視レンズガイド．コレール社．
2）　香川邦生編著（2016）五訂版　視覚障害教育に携わる方のために．慶應義塾大学出版会．
3）　香川邦生・千田耕基編（2009）小・中学校における視力の弱い子どもの学習支援．教育出版．
4）　小林一弘（2003）視力0.06の世界．ジアース教育新社．
5）　大川原潔ほか編（1999）視力の弱い子どもの理解と支援．教育出版．
6）　氏間和仁（2013）見えにくい子どもへのサポートQ&A．読書工房．

第6章
点　字

　点字は、触って読み書きする文字です。文字は、思索とコミュニケーションの手段として大変重要です。およそ 200 年前、視覚障害者の文字として発明された点字は、世界中で採用され、視覚障害者の教育と生活に画期的な変化をもたらしました。本章では、点字の歴史、点字の表記法、点字の普及について述べます。66 ページの点字一覧表を見ながら練習問題にも挑戦し、新たな文字の世界に触れてみましょう。

▶1．点字の歴史

⑴　点字の発明

　視覚障害者が読み書きできる文字の工夫は、古くから行われてきました。例えば、蝋板に文字を掘って触るようにしたり、紐の結び目の形で文字を表したり、細いピンを並べて文字に見立てたりといった様々な方法が試されました。1784 年、バランタン・アユイによってパリに創設された世界初の盲学校では、紙にアルファベットの凸字を印刷する浮き出し文字を用いて教育が行われました。生徒たちがこれらの文字を触って読む姿を目にして人々は大変驚いたと記録されています。しかし、視覚障害のある生徒たちにとって、これらの文字を触って読むことは時間がかかり、書くことはいっそう困難でした。

　1822 年、フランスの軍人であったシャルル・バルビエは、夜間に触覚だけで読むことのできる暗号として、点を組み合わせた記号を開発しました。それを応用して 12 点の組み合わせによる、視覚障害者用の文字を試案し、パリ盲学校に紹介しました。1825 年、同校の生徒であったルイ・ブライユ（Louis Braille 1809-1852）が、この 12 点点字に改良を加え、視覚障害者にとって読み書きしやすい現在の 6 点点字を考案しました。6 点点字は、縦 3 列、横 2 列の 6 個の点の組み合わせでできており、一つの文字が指先に収まる大きさです。また、2 点を感じ分けられる「2 点弁別閾」が指先では 2 mm 前後と大変敏感であることを活かした文字です。触る文字として理にかなった 6 点点字の発明によって、視覚障害者は、速く正確に読み書きできる文字を手にすることができたのです。

⑵　日本点字の制定

　日本では、1878 年、古河太四郎により京都盲唖院が、続いて 1880 年には、東京に楽善会訓盲院が創設されて、視覚障害教育が開始されました。

　点字が日本に紹介されたのは 1880 年代後半のことでした。ブライユが考案したアルファ

ベットの６点点字を基にして、日本語の五十音の表記に適応した体系を開発するため、東京盲唖学校（楽善会訓盲院が改称）の教員や生徒たちが努力と工夫を重ねました。1890年、３年間に渡る議論の末、第４回点字選定会で同校の教員であった石川倉次（1859-1944）の案が採用され、1901年に官報で日本点字として正式に公示されました。

▶２．点字の概要

⑴ 点字の特徴

　点字は、６点の組み合わせで、かな、数字、アルファベット、各種の文章記号の他、数学記号、理科記号、楽譜なども表します。全て横書きで、左から右に向かって読みます。点字は文字の大きさや字体を変えることができません。そのため、読みやすい綺麗な点字を書くための様々な規則があり、それを理解することが必要です。

　点字に対して、一般の文字を総称して「墨字」と言います。墨字の文章を点字の文章にすることを「点訳」と言い、反対に、点字の文章を墨字の文章にすることを「墨訳」と言います。

⑵ 点字を書く器具

　点字を書く器具には、点字盤と点字タイプライターがあります。

　点字盤にはＢ５判の点字用紙のサイズに合わせた標準点字盤と、携帯用点字器があります。点字盤では、点筆で紙の裏から１点ずつ点字を打ち出すため、右から左に向かって書きます。読むときには紙を表に返し、左から右に向かって読みます。

図６−１　点字タイプライター

　これに対して点字タイプライターは、６点のそれぞれの点に対応したキーを同時に押すことにより、１度に１文字ずつ、左から右に向かって点字を打ち出します。そのため、点字盤に比べて速く書くことができ、書く方向と読む方向が一致します。

図６−２　標準点字盤

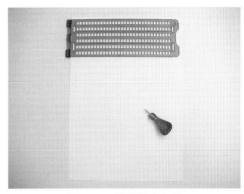

図６−３携帯用点字器

▶3．点字の仕組み

(1) 文字の基本

文字の単位を「マス」と言い、1マスは6点で構成されています。6点は、図6-4のように、左上から「1の点」、「2の点」、「3の点」、右上から「4の点」、「5の点」、「6の点」と呼ばれています。

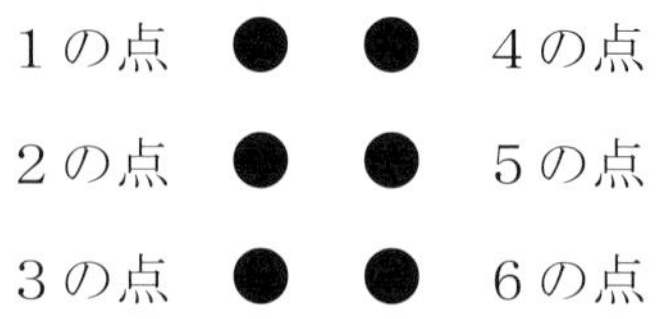

1の点 ● ● 4の点
2の点 ● ● 5の点
3の点 ● ● 6の点

図6-4　点字の構成

(2) 五十音

五十音を表す点の配列は、ローマ字の構成にならって考えると理解が容易になります。すなわち、母音を表す部分（1、2、4の点）と子音を表す部分（3、5、6の点）の組み合わせによって文字を表しています。ただし、ワ行は、ア行と同じ形を最も下の位置に下げ、ヤ行はそれに4の点を加えて表します。

(3) 濁音、半濁音、拗音

濁音、半濁音、拗音は、2マスを使い、清音の前に、濁音、半濁音、拗音を示す記号を書くことによって表します。

例えば、「が」は、濁音を示す「5の点」を書き、次のマスに「か」を書きます。「ぱ」は、半濁音を示す「6の点」を書き、次のマスに「は」を書きます。

拗音は、点字では文字の大きさを変えることができないという制約があるため、独自の工夫がなされています。例えば「きゃ」は拗音を示す「4の点」を書き、次のマスに「か」を書きます。一見理解しにくいように見えますが、ここでもローマ字の構成にならって考えると容易に理解できます。「きゃ」は、ローマ字では "kya" と書きますが、このうち "y" の部分が拗音符で示されます。"kya" から "y" を除くと "ka" が残るため、その部分を「か」という文字で表わします。

(4) 数字とアルファベット

点字は、63通りの点の組み合わせによって文字を表しているため、五十音、数字、アルファベットなどに同じ点の組み合わせが当てられることがあります。そこで、五十音とアルファベットや数字を区別するため、数字には数符と呼ばれる「3、4、5、6の点」を前置します。アルファベットには外字符と呼ばれる「5、6の点」を前置し、大文字にはさらに、大文字符と呼ばれる「6の点」を前置します。

数字の書き方例

1	10	111	1枚	2個

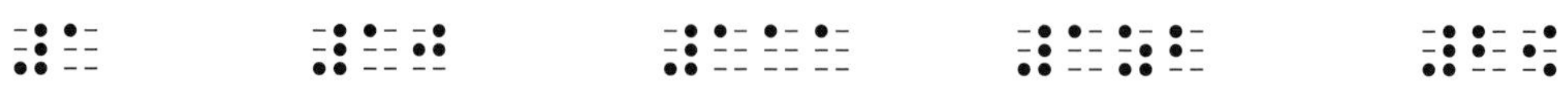

▶ 4. 点字の表記の規則

(1) 仮名づかい

　点字は現代仮名づかいに準じて書き表しますが、以下の二つの規則は点字特有のものです。

1）助詞の「は」「へ」は、発音のとおり「わ」「え」と書きます。

> こんにちは［コンニチワ］　駅へ行きます［エキエ□イキマス］

2）墨字で「う」と書く、ウ列・オ列の長音は、長音符（2、5の点）を用いて書き表します。

> 数学［スーガク］　お父さん［オトーサン］　公園に行こう［コーエンニ□イコー］

(2) 分かち書き

1）点字は表音文字です。すなわち、漢字を使わずに、文章を全てカナで書き表していると考えると良いでしょう。そこで、意味をわかりやすくするため、文節ごとにマスを一つ空けます。これを分かち書きと呼びます。分かち書きのおおよその原則は、名詞、形容詞、動詞などの自立語は前を区切って書き、助詞などの付属語は前の語に続けて書くことです。

> 今日は朝から雨が降っています。［キョーワ□アサカラ□アメガ□フッテ□イマス。］

2）人名の苗字と名前の間はマスをあけて書き、「さん」「氏」「先生」などの敬称の前は区切って書きます。

> 日本の点字は石川倉次先生が発明しました。
> ［ニホンノ□テンジワ□イシカワ□クラジ□センセイガ□ハツメイ□シマシタ。］

3）地名は段階ごとに区切って書きます。

> 東京都千代田区神田錦町［トーキョート□チヨダク□カンダ□ニシキチョー］

(3) 文章の書き方

1）句点・読点・疑問符などの記号は前の語に続けて書き、句点の後ろは2マス、読点の後ろは1マス空けます。

6

> ある朝のことです。玄関で、子猫が鳴いていました。
> ［アル□アサノ□コトデス。□□ゲンカンデ、□コネコガ□ナイテ□イマシタ。］

2）文章の書き始めや段落は3マス目から書き、ひとつの言葉が1行に入りきらない場合
は、1語が2行にまたがらないよう、次の行に移して書きます。

> 　点字は、発明者ルイ・ブライユの名に因んで、フランス語では「ブライユ」、
> 英語では「ブレイル」と言います。
> ［□□テンジワ、□ハツメイシャ□ルイ□ブライユノ□ナニ□チナンデ、
> フランスゴデワ□「ブライユ」、□エイゴデワ□「ブレイル」ト□イイマス。］
>
> 　※カタカナ表記の姓名の間の中点は、点字では省略します。

▶ 5．視覚障害者の生活と点字

⑴　点字の普及

　現在、点字は、駅の券売機や電化製品の表示などにも用いられ、多くの人に知られる
ようになりました。このように、点字が市民権を得るまでには先人の努力がありました。
例えば、1925年には、衆議院選挙法改正により世界で初めて点字投票が認められました。
その後、入学試験や就職試験、検定試験などで点字受験が実現し、点字は視覚障害者が社
会で活躍する上で重要な役割を果たしています。

⑵　点訳の変遷

　日本で初めて点字図書館が開設されたのは1940年のことでした。当時、点字の本は1
ページずつ手作業で点訳された貴重なもので、多くの点訳ボランティアが点字図書の作成
に貢献してきました。

　1980年代になると、コンピュータ技術を点訳に応用する研究が進み、パソコン点訳が
実現しました。これにより、コンピュータ上で点字データを作成・編集し、点字プリンタ
で複数部数を打ち出すことができるようになりました。そればかりでなく、点訳されたデー
タはインターネットを介して共有できるようになりました。

　また、視覚障害者自身がパソコンを操作して墨字の文章を読み書きするための支援機器
やソフトも開発され、視覚障害者の文書処理の方法が大きく様変わりしました。

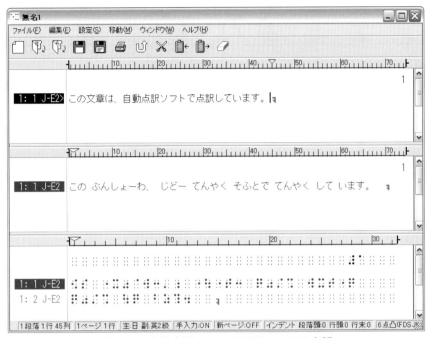

図6−5 自動点訳ソフト EXTRA による点訳

図6−6　点字ディスプレイ

図6−7　音声出力と点字出力を用いたパソコン操作

(3)　点字の制約

　点字は触読に適した優れた文字ですが、制約もいくつかあります。

　第1に量が増えることです。かなと漢字で書かれた墨字の文章を、表音文字である点字にすると、分量がほぼ1.8倍になります。

　第2に書式が限られることです。点字は、文字の大きさや字体を変えることができません。そのため、多彩なフォントや色を用いた墨字の表現に対応することは困難です。特に、図や表など視覚的な表現を的確に点訳するには専門的な知識が必要になります。

　これらの問題を解決するために様々な方法が工夫されています。一例として試験問題の点訳では、限られた時間内に問題を解かなければならないため、読み手が素早く必要な箇所を見つけられるよう、レイアウトなどに細心の注意が払われています。

点字一覧表

五十音 　　　　　　濁音・半濁音

アイウエオ　　　ガ　ギ　グ　ゲ　ゴ　ザ　ジ　ズ　ゼ　ゾ

カキクケコ　　　ダ　ヂ　ヅ　デ　ド　バ　ビ　ブ　ベ　ボ

サシスセソ　　　パ　ピ　プ　ペ　ポ

タチツテト　　　拗音など

ナニヌネノ　　　キャ　キュ　キョ　シャ　シュ　ショ　チャ　チュ　チョ

ハヒフヘホ　　　ニャ　ニュ　ニョ　ヒャ　ヒュ　ヒョ　ミャ　ミュ　ミョ

マミムメモ　　　リャ　リュ　リョ

ヤ　ユ　ヨ　　　ギャ　ギュ　ギョ　ジャ　ジュ　ジョ　ヂャ　ヂュ　ヂョ

ラリルレロ　　　ビャ　ビュ　ビョ　ピャ　ピュ　ピョ

ワ　ヲ　ン

促音符　長音符　　句点　疑問符　感嘆符　読点　中点

アルファベット　　　　　　　　　　　　数字

a b c d e f g h i j 　　数符　1 2 3 4 5 6 7 8 9 0

k l m n o p q r s t

u v w x y z 外字符 大文字符

66

─── 練習問題 ───

点字で書かれた単語を読んでみましょう。

（点字）

点字で書かれた文章を読んでみましょう。

（点字）

キーワード

6点点字、ルイ・ブライユ、石川倉次、点字の普及、点字の制約

復習問題

1．点字の考案から日本点字誕生までの経緯について、それらに貢献した人物の名前を挙げて説明しなさい。
2．日本点字で分かち書きが必要な理由とその原則を述べなさい。

【文　献】
1）広瀬浩二郎，嶺重慎（2012）さわっておどろく！点字・点図がひらく世界．岩波書店（岩波ジュニア新書，713）.
2）日本点字委員会編（2018）日本点字表記法，2018年版．日本点字委員会．
3）全国視覚障害者情報提供施設協会編（2019）初めての点訳　第3版．全国視覚障害者情報提供施設協会．

6

第7章

教科の指導

▶1. 小・中・高等学校と同じ教科教育

　視覚に障害のある児童生徒に対する教科教育で最も大切なことは、小・中・高等学校の教科教育と基本的に同じ教育を行うということです。言い換えれば、視覚に障害があっても、障害のない子どもたちと同じ教育を受けることができるということです。このことは、特別支援学校の学習指導要領に定められています。

　「特別支援学校小学部・中学部学習指導要領」（平成29年4月告示）には、視覚障害者、聴覚障害者、肢体不自由者又は病弱者である児童に対する特別支援学校の各教科の指導に関して、次のように書いてあります。

> 各教科の目標、各学年の目標及び内容並びに指導計画の作成と内容の取扱いについては、小学校学習指導要領第2章に示すものに準ずるものとする。
>
> 特別支援学校小学部・中学部学習指導要領　第2章第1節第1款

　ここでは、小学部に関する部分を引用しましたが、中学部、高等部も同じです。この規定により、視覚障害、聴覚障害、肢体不自由、病弱などの障害のある児童生徒の教科教育は「準ずる教育」と言われます。

▶2.「準ずる教育」の定義

　「準ずる」の意味は、「準優勝」とか「準社員」のように、「その次の位」という意味ではなく、「準拠」のように「標準にして考える」、「基本的に同じにする」という意味です。したがって、視覚障害児童生徒の教科教育は、通常の小・中・高等学校の教科教育と基本的に同じ目標、同じ内容で行うことになっています。ちなみに、「特別支援学校小学部・中学部学習指導要領」の第2章第1節第2款は、知的障害者である児童に対する教育を行う特別支援学校の教科に関する規定ですが、ここには、「準ずる」という言葉は使われず、独自の各教科の目標と内容が示されています。したがって、教科の教育において「準ずる教育」という言葉は、知的障害を伴わない場合に使われます。

　一方で、「準ずる教育」という言葉が、知的障害を含む全ての特別支援学校の教育に適用して使われる場合があります。学校教育法第72条には、「特別支援学校は、視覚障害者、聴覚障害者、知的障害者、肢体不自由者又は病弱者（身体虚弱者を含む。以下同じ）に対

して、幼稚園、小学校、中学校又は高等学校に準ずる教育を施すとともに、障害による学習上又は生活上の困難を克服し自立を図るために必要な知識技能を授けることを目的とする。」と書かれています。ここで「準ずる教育を施す」というのは、広い意味で、全ての子どもに対して等しい教育を受けさせるという意味です。具体的には、小学校（特別支援学校の小学部）に入学する年齢や、6・3制の義務教育制度、1年間の授業日数などの制度の大枠や、学校教育の目的は、特別支援学校も通常学校も基本的に同じとすることが決められています。

　しかし、教科教育を念頭に置いて「準ずる教育」というときには、知的障害者に対する教科教育を含めず、先に述べたように、学習指導要領　第2章第1節（又は第2節）第1款の規定を指しています。

▶3．主体的・対話的で深い学びの実現（学習指導要領改訂のポイント）

　「主体的・対話的で深い学びの実現」は、小学校学習指導要領（平成29年3月告示）総則第3において、各教科の指導に当たって配慮すべき事項として第一に示されている言葉で、今回の学習指導要領改訂のポイントの一つです。中学校学習指導要領、高等学校学習指導要領も同様であり、特別支援学校においても、小・中・高等学校に準ずる改善として、意識して取り組む必要があります。

　「主体的・対話的で深い学び」とは、これまでの教育実践の蓄積の上に、「子どもたちの知識・理解の質の向上を図り、これからの時代に求められる資質・能力を育んでいく」ための授業改善の方向性です。言い換えれば、「何を知っているか、何ができるか」だけでなく、「その学習の過程で子どもたちが主体的に学び、思考を活性化して課題に立ち向かうこと」、さらに、「知っていること、できることをどう使うかを考える」資質や能力の育成を意識した授業改善が求められているわけです。さらに、各教科の指導に当たっての改善事項として、言語能力の育成を図ること、情報活用能力の育成を図ること、子どもが学習の見通しを立てたり学習したことを振り返ったりする活動を計画的に取り入れること、各教科の特質に応じた体験活動を家庭や地域と連携しつつ体系的・継続的に実施できるようにすることなどが強調されています。

　視覚障害教育の立場から、各教科の指導に当たっての改善事項をみると、これまで視覚障害教育が目指してきた教科の指導の方向性と多くの点で共通していることがわかります。したがって、「主体的・対話的で深い学びの実現」の趣旨をよく理解した上で、これまで積み上げられてきた教科指導の専門性をさらに進化させることが大切であると言えるでしょう。

▶4．指導内容の精選、核になる内容を見抜く教師の力量

　一般に、教科教育では、視覚が主要な手段となります。しかし、視覚障害児童生徒には、視覚に依存しない方法で、小・中・高等学校と同じ目標・内容の教科教育を行わなければなりません。これが、視覚障害児の教科教育の特質です。

小・中・高等学校と同じ目標・内容を学習するために、視覚障害児童生徒の教科教育では、一般の教科書をもとに作成された点字教科書や拡大教科書が使われています。また、弱視児の中には、弱視レンズ等を活用して一般の教科書を使っている子どももいます。

しかし、視覚に障害のない大勢の子どもを一斉に指導することを前提に作成された教科書は、当然ながら視覚中心の展開になっていますから、視覚障害児童生徒が活用できるようにするためには、内容の取り扱いに配慮や工夫が必要です。また、視覚という、最も速い情報収集手段を欠くわけですから、同じ時間内に同じ量の課題をこなすことができない場合も多いのです。そのような制限を克服して、視覚に障害のない子どもの教科教育と同じ成果を上げるためには、指導に当たる教師が高い専門性を持っていることが重要です。

教師の専門性として第一に必要な要素は、指導すべき内容の本質を理解し、それを視覚に依存しないで教えることができる教師の力量、言い換えれば、各教科の指導内容に関する専門性です。具体的には、教科書の記述内容から本質を選んで授業を構成する力、または、学習指導要領に記載されている学習の目標・内容を実際の授業として展開できる力です。第二には、視覚障害の特性に配慮した授業をするための、障害についての専門性です。このことについて、次節で詳しく解説します。

▶5. 学習指導要領に示された指導上の配慮事項

「特別支援学校小学部・中学部学習指導要領」（平成29年4月告示）には、視覚障害者、聴覚障害者、肢体不自由者、病弱者である児童に対して、小・中・高等学校に準ずる教育を行う場合に特に必要な配慮事項が、障害ごとに記載されています。視覚に障害のある児童に対する5項目の配慮事項は、以下のとおりです。

---

(1) 児童が聴覚、触覚及び保有する視覚などを十分に活用して、具体的な事物・事象や動作と言葉とを結び付けて、的確な概念の形成を図り、言葉を正しく理解し活用できるようにすること。

(2) 児童の視覚障害の状態等に応じて、点字又は普通の文字の読み書きを系統的に指導し、習熟させること。なお、点字を常用して学習する児童に対しても、漢字・漢語の理解を促すため、児童の発達の段階等に応じて適切な指導が行われるようにすること。

(3) 児童の視覚障害の状態等に応じて、指導内容を適切に精選し、基礎的・基本的な事項から着実に習得できるよう指導すること。

(4) 視覚補助具やコンピュータ等の情報機器、触覚教材、拡大教材及び音声教材等各種教材の効果的な活用を通して、児童が容易に情報を収集・整理し、主体的な学習ができるようにするなど、児童の視覚障害の状態等を考慮した指導方法を工夫すること。

(5) 児童が場の状況や活動の過程等を的確に把握できるよう配慮することで、空間や時間の概念を養い、見通しをもって意欲的な学習活動を展開できるようにすること。

特別支援学校小学部・中学部学習指導要領　第2章第1節第1款の1

ここには、「第1節　小学部」の記述を引用しました。「第2節　中学部」においては、「第1節第1款において特に示している事項に配慮するものとする」と記されています。すなわち、中学部では、上記5項目の「児童」を「生徒」に読み換えて適用します。

　以下に、これらの配慮事項を具体的に解説します。

(1)　経験に基づく概念と言葉の結びつき

　視覚障害児は行動が制限されやすく、体験が少なくなりがちです。一方で、耳からは多くの言葉が入ってくるので、体験の裏付けのない言葉だけの知識が多くなりがちです。そこで、できるだけ具体的な事物や事象を体験させ、実体と結びついた言葉を持たせることが必要です。

　視覚障害児の体験学習は、体験を通してイメージを得る、そのイメージを言語で表現する、教師や友達とのコミュニケーションによってイメージを深め、より正確な言語表現をする、知識として定着させるという一連のプロセスで進むと考えられています。実体と結びついた言語を持つためには体験が大切ですが、自然や社会の事物・事象はあまりに多く、その一つ一つを体験することは不可能です。そこで、基本的な事物・事象を選んで、観察体験から言語化へのプロセスを踏むことが大切です。体験に基づく、事物・事象のイメージが言語として身についていれば、類似の事象について、言語をもとにイメージを描くことができるようになります。

　このように、具体的な体験をもとにして言葉を育てる学習は、国語だけでなく、あらゆる教科・科目で意図的に行うことが大切です。

　例えば、算数で学ぶ概念には、大小、長短、軽重など、生活の基本になる概念があり、この関係を数式という算数・数学の言葉を使って表現できることを学びます。例えば、「aとbの大きさは等しい」は「$a = b$」という数式で、「aはbより大きい」は「$a > b$」という数式で表現できることを学びます。さらに、算数・数学では、加減乗除の演算符号で表された数式を、その演算符号の決まりにしたがって計算できるだけでなく、数式が表している関係性を日常の言葉で表現することや、逆に言葉で表現された関係を式で表現することを学びます。このように、算数・数学の言葉である数式は、その意味とともに、授業で身につけるものです。また、図形の学習の初期段階では、模型や触図を用いて具体的な理解を図りますが、その体験によって基本図形のイメージと名前を結びつけて理解できるようになると、言葉を聞いただけで図形を思い浮かべることができるようになります。黒板を使わない授業では、このように、言葉から図形を思い浮かべることや、音声で読み上げられた数式を頭の中に思い浮かべる力が必要です。そのとき、専門用語、すなわち定義された言葉が教師と児童生徒に共有されていると、正確に概念を伝達することができます。学習の初期の段階では、できるだけ具体物を用いて概念を理解させますが、発展段階では、概念の正確な表象としての専門用語を獲得して使いこなすことが、算数・数学の学習には

特に大切です。

　同様に、体育では身体の部位やその動きについての実体験をもとに言葉を学習すること、理科では自らの手で観察や実験をすることを通して、自然の事物・事象を学び、それを的確な言葉で表現することを重視しています。

⑵　文字の系統的な指導

　文字の指導に当たっては、子どもの視覚障害の状態等に応じて、点字を用いるか普通文字を用いるかの判断が必要です（第１章参照）。その上で、系統的な指導によって、読み書き能力を身につけることが大切です。日常生活は文字がなくても成り立ちますが、文字のない教科教育は考えられません。

　文字の指導は、国語だけでなく、全教科で学習内容に合わせて行うことが大切です。例えば、算数・数学では、整数、小数、分数、演算符号、幾何図形などを文字（記号を含む）で表す方法を、内容の理解とともに習得させます。同様に、理科では、例えば原子・分子の記号や化学反応式等の表記を、内容とともに指導します。さらに、音楽では、楽譜の読み書きを、歌ったり演奏したりする活動に合わせて指導します。このように、全教科の学習の中で、内容の理解とともに、その内容を文字や記号で表記する方法を指導することは、視覚に障害のない子どもの場合も同じですが、視覚に障害のある児童生徒の場合は、日常生活の中で文字や記号に触れる機会が少ないので、各教科の学習において確実な文字や記号を身につけさせることが特に大切です。そのためにも、各教科における系統的な文字の指導が重視されています。

　弱視児に対しては見やすい環境を整え、細部までよく見える教材を提示することが大切です（第５章参照）。同時に、やや見えにくい文字を、概念から類推して読む力を持たせることも必要です。例えば、$1\,m^2$、$1\,m^3$ のように、単位の添え字（右上につけた２や３の数字）は、弱視児にはよく見えません。その対策として、添え字部分を一般の表記よりも大きめに書いた教材を用意することも必要ですが、「面積は縦×横、すなわち長さの２乗」、「体積は縦、横、高さの積、すなわち長さの３乗」であるという単位記号の成り立ちを理解させることで、添え字が２であるか３であるかを類推することができ、読み誤りを防ぐことができます。このように、不確かな視覚情報を、知識で補って判断できる力をつけることも大切です。

　弱視児の漢字の読み書きについては、第５章に示したような丁寧な指導が行われます。また、点字を常用する盲児にも、日本語を正しく理解するために、漢字・漢語の知識を指導する必要があります。ただし、盲児は漢字を読んだり書いたりする機会がないため字形を覚えることは困難で、しかもその必要性も大きくはありません。そこで、字形の指導は比較的単純ないくつかの漢字にとどめ、漢字・漢語の意味による使い分け、特に熟語や同音異義語の使い分けを中心にした指導が重視されています。

⑶　指導内容の精選、基礎・基本の重視

　視覚障害児の教科教育は、小・中・高等学校の各教科の目標・内容に準じて行うことが原則ですが、全ての場面において、小・中・高等学校と全く同じ内容を扱うわけではありません。

　その理由の一つは、視覚障害児には理解が困難な題材があることです。

　例えば、月の満ち欠けや、時刻とともに天空を月が動いていく現象は、視覚に障害のない子どもにとっては日常的な体験ですから、それを不思議に思う気持ちが芽生え、月の形や動きを観察する学習につながります。しかし、多くの視覚障害児は月の形や動きを実際に見ることができないため、観察を中心にした学習はできません。そこで、この段階では、そのような現象についての知識だけにとどめざるをえません。代わりに、太陽については「感光器」という光を探知するセンサーを用いて観察が可能ですから、太陽の動きの観察をていねいに行い、高学年になって地球の自転を学ぶときに、太陽の動きと月の動きを関連させて理解できるように指導します。

　また、細胞や微生物の学習においては、一般には、中学校の１年生で、顕微鏡による実物観察を行うことになっていますが、視覚障害児はこの学習を行うことはできません。この課題への対応は盲児と弱視児で異なります。弱視児の場合は、顕微鏡を覗いて観察することは困難でも、顕微鏡カメラで写した像をテレビ画面などに大きく投影することで、細胞や微生物を見ることができます。顕微鏡を生徒が操作するわけではありませんが、視覚による実物観察が可能です。しかし、盲生徒の場合は、細胞や微生物のようなミクロの世界は、触覚で観察するには小さすぎて、実物観察を中心にした授業展開はできません。そこで、模型や触図を使って知識としてミクロの生物の理解を図り、一方で、手で触って観察できるマクロな生物による観察学習を進めます。この単元の学習の目標は、動物や植物の形態と生態を関連させて理解すること、すなわち、生物の形は、その生物の生き方に関わっていることを学ぶことです。したがって、ミクロな生き物を題材にしても、マクロな生き物を題材にしても、学習の本質は同じであると言えます。

　指導内容の精選が必要なもう一つの理由は、視覚障害児は課題の遂行に時間がかかることです。特に、慣れない状況ではその傾向は顕著です。したがって、多くの練習問題を急いで解かせるような指導は、視覚障害児の実態に合いません。量より質を重視し、少ない問題を道筋を理解して解くことで同等の効果を上げるような指導の工夫が必要です。

⑷　視覚障害の状態に応じた教材・教具と指導法の工夫

　触覚教材や拡大教材の活用は、視覚障害教育において不可欠です。

　盲児が教材を触覚で観察する場合、指先で一度に触れることのできる面積は限られているため、手を移動させながら順に触り、継時的に入ってくる情報を頭の中で組み立てて認識することになります。このような認識方法を身につけるためには系統的な指導が必要で

7

73

す。例えば、小学部1年生用の算数の点字教科書の第1分冊、『さんすう1-1』は、単純な図形から複雑な図形まで触図を触りながら、小学部6年間の時間をかけて系統的に図形の触察能力を高める配慮がされた特別の教材です。

　触覚教材の準備に当たっては、触覚の特性を踏まえる必要があります。特に、立体図形を平面に触図で表す場合には注意が必要です。触覚的には、立体は立体のまま認識されるものであり、平面に描かれた見取り図のように認識されるわけではありません。したがって、盲児にとっては、平面図から立体をイメージすることは非常に難しいことです。一般的には、見取り図や透視図は触覚では理解が難しく、投影図や展開図のように、実物の面と同じ形がある図のほうが理解しやすいと言えます。また、一枚の図に多くの情報を盛り込まず、複数の図に分けて表したり、伝えたい本質を強調し不必要な情報を削除して、ノイズの少ない図を作成することが必要です（第4章参照）。

　弱視用の拡大図を作成する場合も、この原則は同じで、原版を拡大コピーしただけでは弱視児にとって見やすい図であるとは言えません（第5章参照）。

　視覚に頼らずに測定をするためには、市販されている触察用の物差し、三角定規、分度器、はかりなどを活用します。作図には、レーズライター（表面作図器）や、表面にピンを刺したりシールを貼ったりするグラフ盤を活用します。また、理科実験機器として市販されている「感光器」は、光の強弱を音の高低で表す小型の器具で、理科の実験においては、色の変化、沈殿による濁りの生成、光の直進・反射・屈折などの現象を盲児が自分の感覚で知るために欠かせない実験用センサーです。

　弱視児の場合には、市販されている文房具類から、大きく見やすい目盛りがついたものを選びます。また、コンパスで円を描くこと、三角定規を使って平行線を描くこと、分度器で角度を測ることなど、弱視児にとって困難な学習活動では、触察用の三角定規や分度器、ぶんまわし（コンパス）を活用することで困難が解消されることもあります。

　パソコンは視覚障害者にとって有用な機器です。例えば、パソコンの活用によって、盲児にも弱視児にも負担が大きかった辞書を引く作業の能率が大きく向上しました。また、インターネットの活用は、視覚障害者の情報収集手段を飛躍的に向上させました。パソコンが学校に普及したことにより、これまでは敬遠されがちであった、辞書や事典を引く学習や、多くの情報を集めて考える学習が可能になりました。また、理科の実験では、電子天秤をパソコンで音声化することにより、測定の精度を格段に向上させることができるようになりました。しかし、パソコンを活用した教科学習を成功させるためには、パソコンの操作技術の習得だけでなく、児童生徒が自らの興味・関心に基づき主体的に調べる姿勢が大切です。また、パソコン上での読み書きの前に、まずは点字や普通文字の読み書きが十分にできることが必要です。日常の授業で、紙のノートに日付やタイトルをきちんと入れて記録する習慣をつけ、点字のノートをきちんとファイルする指導を行うことは、パソコン上でのファイルやフォルダの作成や整理の前段階としても意味があります。

(5) 空間・時間の概念の育成と主体的な学習

　視覚障害は空間認知の障害であるとも言われます。これは、盲児だけでなく、程度の差はあれ、弱視児にも当てはまることです。したがって、教科の指導においても、常に全体像の把握を心がけることが大切です。例えば、自然観察で林の樹木を観察するときのことを考えてみましょう。盲児が一本の樹木を触ったとき、その林には、自分が触ったものと同じ種類の樹木ばかりがあるのか、多くの種類の樹木があるのかはわかりません。弱視児の場合も、意識して見なければ、林の樹木はどれも同じに見えてしまいます。したがって、一本の樹木を触るだけでなく、近くにある樹木をいくつか触り、その上で、説明を聞いて体験を補うことが必要です。このように、常に周りの様子に関心をもち、全体と部分との関係を理解するような態度を身につけるよう指導することが大切です。

　大きな物体の全体像を把握するためには模型も有効です。例えば、建物の全形を模型で示し、建物の中で、今、触っている壁は、模型のどの部分であるかを説明するといった方法です。また、建物の周りを歩いて大きさを実感することや、建物の両横に立った人から声を発してもらい、その音から位置関係や広がりを感じるなどの方法を組み合わせることで、よりよい理解に近づけることができます。

　弱視児の場合は、遠くの景色や大きな建物の全体像を知るために、デジタルカメラで写真を撮ることが効果的です。カメラによって遠くの景色を近くに引き寄せ、固定して見ることができるわけです。

　時間についても全体像の把握が大切です。視覚に障害があると、周りの人の様子が見えないので、流れが理解しにくくなります。作業を始める前に、全体の流れを説明すること、作業を始めたり終えたりするときには合図をすること、できるだけ、視覚障害児自身が、最初から最後まで一連の作業を遂行する機会を与えることなどが、時間の全体像を把握するために大切です。自分がしていることが全体の流れの中でどこにあるのかを理解してこそ、次に自分が何をすればよいかが見えてきます。作業の段取りを考え、見通しをもって主体的に行動するためには、このような空間と時間の全体像を把握することが大切です。

▶6. 高等部学習指導要領に示された指導上の配慮事項

　特別支援学校高等部学習指導要領第2章（平成31年2月告示）には、小学部・中学部学習指導要領第2章と同様に、各教科の目標及び各科目の目標と内容については高等学校学習指導要領の規定に準ずることが記されています。また、指導上特に必要な配慮事項として、以下の6項目が記されています。

(1)　生徒の視覚障害の状態等に応じて、点字又は普通の文字等による的確な理解と豊かな表現力を一層養うこと。なお、点字を常用して学習する生徒に対しても、漢字・漢語の意味や構成等についての知識を一層促すため、適切な指導が行われるようにすること。

⑵　視覚的なイメージを伴わないと理解が困難な事象や習得が難しい技能については、既習の内容や経験と関連付けながら、具体例を示すなど指導方法を工夫して、理解を深め習得を促すようにすること。

⑶　生徒の視覚障害の状態等に応じて、指導内容を適切に精選し、基礎的・基本的な事項を確実に習得するとともに、考えを深めていくことができるよう指導すること。

⑷　視覚補助具やコンピュータ等の情報機器、触覚教材、拡大教材及び音声教材等各種教材の活用を通して、生徒が効率的に多様な情報を収集・整理し、主体的な学習ができるようにするなど、生徒の視覚障害の状態等を考慮した指導方法を工夫すること。

⑸　生徒が空間や時間の概念を活用して場の状況や活動の過程等を的確に把握できるよう配慮し、見通しをもって積極的な学習活動を展開できるようにすること。

⑹　高等学校等を卒業した者が、社会経験を経るなどした後に、専門学科又は専攻科に入学した場合においては、その社会経験等を踏まえた指導内容となるよう工夫すること。

特別支援学校高等部学習指導要領　第2章第1節第2款の1

　この6項目のうち、⑴〜⑸の5項目は、小学部・中学部の児童生徒に対する配慮事項と基本的に共通しています。例えば、上記⑴⑶⑷⑸は、小学部学習指導要領の配慮事項の⑵⑶⑷⑸と基本的に同じであり、⑵は、小学部学習指導要領、中学部学習指導要領の配慮事項⑴に対応して、生徒の成長を踏まえて発展させた内容と言えます。すなわち、小学部、中学部では、体験に基づく概念と言葉を身につけることを重視していたのに対して、高等部では、その学習成果を踏まえて、視覚的なイメージを持っていない生徒にも、視覚的なイメージを伴う事柄についての理解を促し、自分から調べたり使ってみたりするなどの積極的な態度を養うことの必要性を述べています。

　配慮事項の⑹は、今回の改訂で加わった事項です。この背景には、高等学校等を卒業して一定期間を経て、視覚障害の進行等をきっかけに理療科等の専門教育を受けるために視覚特別支援学校（盲学校）高等部に入学する生徒の存在があります。このような生徒は、社会経験や実務経験で養った資質能力を持っている反面、学校での学習から離れていた期間が長いために、各教科の内容については基礎から学び直す必要が生じる場合があります。そこで、各生徒の実態を踏まえて、個に応じた指導と体験を重視した指導の充実を図ることが求められています。さらに、視力の著しい低下により、文字使用の困難がある生徒も多いことから、個に応じて、視覚障害を補う効果的な学習方法が身につけられるよう、自立活動の指導と関連付けながら、各教科の指導における配慮が必要です。

▶7．視覚障害の特徴を生かして工夫された指導内容

　視覚特別支援学校（盲学校）の教科教育は、「準ずる教育」ですから、各教科の目標・内容は、小・中・高等学校と同じです。しかし、視覚障害の特性に応じた指導を行うために、指導

の目標は同じであっても、通常の学校で行っている指導とは異なる題材を用いて指導するものがあります。その中から、珠算と、体育の球技について紹介します。

⑴　珠算（そろばん）の指導

　点字では筆算ができないので、盲児童生徒はそろばんを用いて計算をします。盲児にとってのそろばんは、単に計算を速くするための道具ではなく、位取りを揃えて数を置いて操作をし、位取りを確認しながら数を読み取るための道具であり、視覚に障害のない子どもの筆算に代わるものです。また、珠算は、手指でそろばんを操作することによって、頭の中にそろばんのイメージを作るものでもありますから、習熟した人は、そろばんが手元になくても、頭の中のそろばんを動かして計算することができるようになります。このように、暗算能力の育成にもそろばんは効果があります。

　盲児が珠算をするときには、そろばん珠の操作を指で行うのはもちろんですが、そろばん珠が示す数を読み取るにも、そろばんの「はり」に示された定位点を目印にして位取りを読み取るにも指を使います。したがって、目の見える人は、人差し指と親指の２本の指でそろばんを操作しますが、盲児の場合は、視覚の代わりにも指を使うため、左右両手の人差し指、中指、親指、計６本の指を使います。

　このように、多くの指を使って視覚に頼らずに珠算をするためには、複雑な指の動きや、指による数の正確な読み取り能力をつけることが必要です。そのため、文部科学省著作教科書として発行されている算数の点字教科書には、視覚に依存しない珠算の技術を、算数の内容に添って学ぶための別冊として、『珠算編』が作られています。この『珠算編』は、小学部２年生に配布し、小学部卒業までに小数点を含む加減乗除の計算が習得できるように作られています。なお、市販されている視覚障害者用そろばんにはいろいろな形式があり、いずれも軽くふれた程度では珠が動かないように工夫されています（資料１参照）。日本では、珠を前後に倒して使用するものが広く使われています。

⑵　視覚障害者用に工夫された球技

　視覚障害児童生徒の体育の題材には、陸上や水泳、マット運動、柔道、スキー、スケートなど、視覚の障害に配慮して、きめ細かな指導をすることで、通常の学校の体育の題材とほぼ同じに取り組むことができるものもあります。

　一方、空中をボールが飛ぶ球技は、視覚障害児童生徒には参加が難しく、球技の方法やルールを視覚障害者向けにアレンジした独特のものが考案されています。例えば、グランドソフトボール（以前は盲人野球と呼ばれていたもの）は、ハンドボール大のボールを使い、投手がそれを転がして打者がバットで打つゲームです。ルールは、ソフトボールと似ていますが、全盲の走者と守備の人が衝突しないように、走塁用のベースと守備用のベースを分け、全盲者が走るときはコーチが走塁用のベースで声を出して誘導するなど、視覚

障害者が安全にプレーできるように工夫されています。

このほか、フロアバレーボールという、テニスのネットのように低い位置にネットを張り、さらにネットの下をボールが通る、視覚障害者のためのバレーボールや、サウンドテーブルテニス（視覚障害者の卓球）、ゴールボール（視覚障害者用に開発された球技でパラリンピックの種目の一つ）なども普及しています。これらの球技は、視覚障害者が自分の判断で動くことができるように工夫されています。技を磨いて競う楽しさもあり、運動量も大きく、視覚特別支援学校（盲学校）の体育の授業でも広く行われています。

▶8．教科の指導と自立活動との関連

視覚障害児は日常生活の経験が少ないことが多く、そのことが教科の学習に影響する場合があります。例えば、買い物のときの金銭のやりとりを扱った算数の文章題は、買い物という具体的な場面で計算の意味を理解させることがねらいですが、自分で買い物をした経験がない視覚障害児の場合は、買い物の具体的なイメージがないことが、問題を解く妨げになっていることがあります。この場合は、自立活動の指導や家庭との連携によって買い物の経験を積むことが必要です。

自立活動の指導は、自立活動の時間だけでなく、教科の時間にも行われます。例えば、算数で物差しを使って長さを測る学習の目標は、小学校学習指導要領に、「長さについて単位と測定の意味を理解し、測定ができるようにする」と示されています。この活動では、視覚障害による困難をできるだけ軽減して正確な測定ができるように、使いやすい物差しを選び、段階を追って、視覚に依存せずに正確に長さを測定する方法を指導します。これは、自立活動と位置づけることもできる内容です。しかし、算数の目標は、測定の技術の習得だけではありません。子どもの状態によって、技術が十分に上達していない場合でも、「単位と測定の意味を理解して測定する」という算数の単元の目標がほぼ達成されていれば、次に進みます。各教科の目標や指導内容を踏まえて、学年相応のバランスのとれた教科学習を進めることが大切です。

▶9．個別の指導計画

平成21年に告示された「特別支援学校学習指導要領」以降、教科の指導においても個別の指導計画を作成することになりました。自立活動においては、従前から個別の指導計画を作成して指導に当たることになっていましたが、各教科については、小・中・高等学校の学習指導要領に示された目標・内容に準ずることから、個別の指導計画は作成していませんでした。しかし、特別支援学校の児童生徒が多様化している現状において、よりきめ細かな指導をするために、教科においても個別の指導計画を作成することになりました。この趣旨は、学習の状況や結果を適切に評価して指導の改善に努めることですから、各学校で個別の指導計画の形式を定める場合には、形式的にならず、できるだけ簡素に、実際

の指導に役に立つ実質的なものにすることが大切です。準ずる教育が可能な児童生徒の場合、小・中・高等学校の学習指導要領の目標や内容、内容の取り扱いなどを、個別の指導計画にそのまま書き写すのではなく、それらは要点のみの記述にとどめ、むしろ当該児童生徒の教科活動において特に配慮すべきことがらや、重点的に指導する内容等を中心に記載することが、指導の改善に役立つと思われます。

　なお、重複障害児の教科学習は非常に個別性が高いので、従前より個別の指導計画を作成して指導に当たることになっています。自立活動の場合と同様に、個別の指導計画の作成や評価に当たっては、複数の教員が協力することが大切です。

　また、平成 29 年に告示された「小学校学習指導要領」において、総則第 4 の「2 特別な配慮を必要とする児童への指導」に「(1)障害のある児童（生徒）などへの指導」が新たに示されました。その中で、「特に、特別支援学級に在籍する児童や通級による指導を受ける児童については、個々の児童の実態を的確に把握し、個別の教育支援計画や個別の指導計画を作成し、効果的に活用するものとする。」と記されています。なお、中学校学習指導要領にも同様の記述があります。これまでも小学校・中学校は、特別支援学校の助言や援助を得ながら、障害のある児童生徒の指導を行うこととされていましたが、今回の学習指導要領の改訂により、特別支援学級及び通級指導において、個別の指導計画を作成することが明記されたことで、特別支援学校との連携の必要性が増大しています。

▶ 10. 重複障害のある児童生徒に対する教科の指導

　「特別支援学校小学部・中学部学習指導要領」の第 1 章総則、第 8 節の 3 及び 4 には、重複障害者等に関する教育課程の取り扱いについての規定があり、必要がある場合には、各教科の目標・内容の一部を取り扱わないこと、下学年の目標・内容で替えること、各教科の目標・内容の一部を知的障害児の特別支援学校の目標・内容に替えること、さらには、特に必要がある場合には、自立活動を主として指導を行うことができること等が記されています。

　このように、各児童生徒の実態に合わせて柔軟に取り扱うことが原則ですが、指導に当たって大切なことは、児童生徒の知的障害だけでなく、視覚障害に配慮することです。したがって、第 5 節に示した指導上の配慮事項は、重複障害児の学習指導においても大切なことです。以下に示す 2 事例は、視覚障害教育の専門性を踏まえ、体験を重視した重複障害児の教科の指導の実践事例として紹介するものです。

事例 1：触る、見る、言語化することを重視した生活単元学習

　これは、2013（平成 25）年の全日本盲学校教育研究大会の分科会で発表された中度の知的障害のある弱視児童を対象とした実践です。本児童は、「具体的な事物と言葉の対応が難しく、言葉の理解、表現が不十分」であり、「ものを見る意識や注視、目と手の協応

など学習の準備段階の支援が必要」な子どもでした。実践の内容は、本児が鮮やかな花の色に興味を示したことから教材に選んだアサガオと、本児が好きなスイカの栽培です。この実践報告では、特に次の4点が大切にされています。

(1)　触る力を育てる

　対象児は、触ることを嫌がる子どもでしたが、アサガオの移植の頃には、両手を使って穴を掘り、土が手の平についても嫌がらないようになりました。自分でやりたいと思い、自分で植え替えができた達成感が、手に土がつくことの気持ち悪さを払拭してくれたようです。また、アサガオの双葉（子葉）の観察のときには、片方の手の指先で葉を摘むように触る程度でしたが、スイカの栽培では、教師が両手を添えて一緒に触ることを積み重ね、一緒に両手で触れるようになりました。触ることを大切にした指導によって、「手で触って探し、目で見て確認する」という、弱視児にとって能率的な手段を身につけた様子がわかります。

(2)　言葉を育てる

　本児は20～30ポイントのひらがなは読めるが、書くことはできません。そこで、アサガオの葉の観察の際には、本児が発する言葉（つぶやき）を教師が記録し、観察の振り返りの際に、観察中の言葉（つぶやき）を本児に提示して思い出させ、その言葉を本児に確認しながら一緒に単文を作り、その文を教師が観察カードに書き、本児がそれを声に出して読むという手順を踏みました。本児は、この観察カードを他の教師に得意気に見せて学習したことを伝えていたそうです。また、その後のスイカの葉の観察では、本児から、「ざらざらしている。」「毛が生えているみたい。」という、文の形で言葉が出るようになりました。観察学習の振り返りと言語化の積み重ねが、言語による表現力を確実に高めたと言えるでしょう。

(3)　見通しを持たせる

　栽培しているスイカに実ができているのを見つけた本児は、いつになったら食べられるかを気にしていました。そこで、教室にピンポン玉からバスケットボールまで、大小様々なボールを置き、「バスケットボールの大きさになったら食べようね」と伝えました。本児は、毎日、ボールと実の大きさを比べ、バスケットボールの大きさになるのを楽しみにして収穫の日を迎えることができました。具体物で大きさの目標を示すことで、大小の概念を学び、見通しを持って待つことができたわけです。

(4)　学習の振り返り

　この実践では、教師が撮影したスマートフォンやタブレットＰＣの画像を児童と一緒に

見て、活動時のイメージを思い出す方法も採用しています。知的障害がある子どもは、言葉だけで活動を思い出すことに限界がありますので、タブレットＰＣ端末の活用は、弱視児が経験を振り返り、言葉でまとめるための有効な支援ツールとなったようです。

　以上のように、この実践では、「体験、イメージ、言語化、見通しを持たせる指導」という、視覚障害児に対する教科の指導の専門性を踏まえて、知的障害のある弱視児の指導を行っています。重複障害児の指導においても、視覚障害児の教科の指導の専門性が有効であることを具体的に示した報告です。

事例２：繰り返し体験することで育つ、学習内容の定着と自信

　これは、知的障害のある盲学校の中３の生徒が、夏休みのイベントで単一障害の児童と一緒のグループでワークショップに参加し、２学期になってから、中学部の重複障害の授業で、クラスメイトとともに、イベントで体験した実験の振り返り学習を行った事例です。
　イベントでは、「浮くもの、沈むもの」というタイトルで、次の内容の実験を行いました。
　　①小さな氷は水に浮くか沈むか？
　　②大きな氷ではどうかな？
　　③冷たい水と温かい水の浮き沈みを調べる。
　　④冷たい空気と暖かい空気の浮き沈みを、みんなで大きい風船を作って調べる。

　２学期に実施した重複学級での振り返り学習では、まず、「浮く」「沈む」のイメージを持つために、ボールがバケツの水に浮いているのを手で触って確かめ、上から手で押して沈ませて再び浮いてくる感じや、ビー玉を水に入れて沈むことも確認しました。その上で、いろいろな大きさの氷を水に入れて浮くことを確かめました。翌日、もっと大きな氷をプールに入れて、浮くか沈むか、実験をしました。イベントで大きな氷の実験を体験していた生徒は、初めは「浮く」と答えていましたが、この日の実験に用意された氷が自分で持てないくらい重かったので、かなり迷った後に「沈む」と予想しました。いよいよ、大きな氷をプールに投げ入れてパシャッという大きな音にも驚き、一度沈んだ氷が浮き上がってくる様子は、バケツでの実験よりも動きが大きく面白かったようです。

　この結果をいろいろな人に伝えたくて、保健室や給食室にも伝えに行きました。帰りのスクールバスの添乗員さんにも伝えたいと、氷をスクールバスに持って行くように教師に頼み、添乗員さんに、「これ、持ってみて」と言って氷を渡して、「これを水に入れたら浮くと思う？　沈むと思う？」と説明の仕方を考えながら伝え、これよりももっと大きな氷をプールに入れたら浮いたことも、自分で言葉を考えながら伝えていたそうです。

　この実践をした教師は、実験をしながら生徒たちが「なんか面白いなあ」と何度も言っていたことが印象的で、普段からこんな言葉が出るような授業を考えていかなければいけ

7

ないなあと思ったそうです。

　この事例では、イベントで楽しんだ実験を、もう一度教室で再体験したことが良い効果を生んでいます。イベントに参加した一人の生徒にとっては、一度経験した実験だからこそ、実験方法や結果にもある程度の見通しを持つことができ、主体的な参加ができました。イベントで使った氷よりも、ずっと大きな氷をプールに入れる前の予想では、その氷が、「一人では持てないほどの重さ」であることに悩み、「沈む」という間違った予想をしていますが、その後の実験で、そんな大きな氷でも水に浮くという体験をしたことが、事実の確信につながりました。さらに、スクールバスの添乗員に、大きな氷をプールに入れたら浮いたことを自分の言葉で説明したことは、この知識の定着に役立ったはずです。知的障害のある重複障害児の場合、体験のくりかえしが、知識の定着だけでなく、見通しをもった主体的な学習に効果的であることが示唆されている実践です。

キーワード

準ずる教育、教科の指導、指導内容の精選、珠算、理科の実験

復習問題

1．各教科の指導における「準ずる教育」の意味、および何を何に準ずるのかを説明しなさい。
2．特別支援学校小学部・中学部学習指導要領に示されている、視覚障害児童生徒の教科の指導における5項目の配慮事項を挙げ、それぞれの項目について、必要性と実践例を説明しなさい。

【文　　献】
1）　惣万美由紀（2013）「触る」「見る」「言語化する」ことを重視した生活単元学習．視覚障害教育ブックレット vol.23,8-13.
2）　鳥山由子編著（2007）視覚障害指導法の理論と実際．ジアース教育新社．

┃コラム③　　盲生徒の理科の実験

写真1は、盲生徒が、マイティパック（気密性の高いポリ袋）を活用した気体の実験をしているところです。マイティパック内で発生させた気体を左の生徒が押し出して、右の生徒が水上置換法でボトルに集め、水を満たしたボトルに気体が溜まっていく音を耳で観察しています。このように、気体の発生・捕集実験に、従来のガラス器具に代えてマイティパックを使うと、気体の発生を袋の膨張として手全体で感じるので、盲聾二重障害の生徒も実感できます。また、マイティパックの口に取り付けた三方コックの操作によって、気体の発生と捕集を分けて行うことができ、視覚障害生徒に適した安全な実験法として、文部科学省著作点字教科書（中学部　理科）にも採用されています。

写真1　マイティパック内で発生させた気体を水上置換でペットボトルに集めている

写真2は、水上置換法でメスシリンダーに集めた気体の体積を調べるために、盲生徒が、感光器を用いて水面を調べているところです。水面（空気と水の界面）では、感光器の音が変わります。メスシリンダーの外側には、触ってわかる目盛りがついているので、これを読むことで、メスシリンダー内に集まった気体の体積を知ることができます。

感光器は、光の強さ（明暗）に応じて音の高さが変わるように作られた盲人用の実験器具です。明るい場所や、白っぽいものに向けたときは高い音になり、暗い場所や、黒っぽいものに向けたときは低い音になります。

写真2　感光器を使って、メスシリンダー内の水面を調べている

写真3は、平面鏡に光を当てて反射させたとき、光の入射角と反射角が等しいことを調べる実験です。画面の左側にあるのが、市販の懐中電灯（マグライト）を使って教師が作成した光源装置、正面に立ててあるのが平面鏡、右手に持っているのが感光器です。下敷きの紙には、触ってわかる角度目盛りがついています。今、生徒が、感光器を用いて、反射光線を探しています。反射光線が感光器に入ると、音が急に高くなるので、そこに反射光線が届いていることがわかります。

写真3　平面鏡による反射の実験

この実験で大切なことは、生徒が光源、平面鏡、感光器などの位置関係を自分の両手で把握できるように、小型の実験装置を一人一人の生徒に準備していることです。生徒が、最初から最後まで一人で実験を遂行することで、実験の全体像を理解することができます。

写真4は、水溶液に溶けている金属イオンを、試薬を加えたときに生成する沈殿（液の濁り）によって判断する実験を、高等部の盲生徒が一人で行っているところです。数種類の金属の水溶液に試薬を加えて、その都度、沈殿（濁り）を確認するために、見通しをもって実験を行い、結果を理解することが必要です。実験とその結果を論理的に理解するために、生徒自身が自分の手で実験することが大切です。

視覚特別支援学校（盲学校）では、生徒が五感を使って自然と向き合い、実証的に理解するために、このような実験を中心にした理科の授業が、日々行われています。

写真4　感光器を用いて沈殿の生成を調べている

第8章
視覚障害児童生徒のための教科書

▶1．小・中・高等学校と同じ内容の教科書

　視覚障害児童生徒の教科教育は、小・中・高等学校で用いられる教科書と同じ内容の教科書を用いて、基本的に同じ目標・内容で行うことになっています。点字の教科書を見ると、真っ白なページに点字が並び、一般の教科書とはまったく違うもののような印象を受けるかもしれませんが、内容は一般の教科書と同じです。

▶2．視覚障害児童生徒のニーズに応じた教科書の種類

　視覚障害児童生徒の使用文字に対応して、点字教科書と、墨字教科書があります。また、墨字教科書には、一般の教科書と拡大教科書があります。なお、墨字とは、点字に対して一般の文字（活字）を指す言葉です。

⑴　点字教科書

　点字で学ぶ児童生徒のための教科書です。内容は一般の教科書と同じですが、点字の特徴を考慮して、いろいろな工夫がされています。大きさは、Ｂ５判の縦型が普通です。小学校用の一般の教科書1冊は、点字教科書では2〜3巻になります。各巻を分冊と呼び、各分冊は100ページ程度、表紙をつけると厚さは3〜4cmほどです。高等学校の教科書は点字では5分冊以上になることもめずらしくありません。図版が多い生物の教科書などは10分冊以上になることもあります。

図8−1　5年生の算数上巻。
1冊の教科書は、点字教科書3分冊になります。

⑵　拡大教科書

　弱視児童生徒のために文字や図版を拡大して見やすくした墨字教科書です。教科書の大きさは元の教科書と変わらず、Ｂ５判が標準です。元の教科書を拡大コピーすれば良いの

ではないかと思うかもしれませんが、例えば、Ｂ５判の教科書をＢ４判に拡大（面積を２倍）しても、10ポイントの文字が14ポイントにしかなりません。文字を20ポイント以上にするには、１ページの面積は４倍にしなければなりません。これでは、子どもが手に持って読むにも机に広げるにも、大きすぎて不便です。また、紙面が大きくなると、視線を移動させて何かを探したり、視線を元の場所に戻したりすることが苦手な弱視児に負担がかかります。このような理由から、拡大教科書では、紙面をあまり大きくせずに、文字や図を大きくわかりやすく表示する工夫をしています。したがって、レイアウトは元の教科書とは異なっています。

　図８−２は、一般の検定教科書（１ページ分）、図８−３は、拡大教科書（見開き２ページ分）です。一般の教科書の内容を拡大教科書でどのようなレイアウトで示すかは、内容によって工夫されています。この場合は、一般の教科書の２分の１ページ（ページの上半分）が、拡大教科書では、見開き２ページになっています。

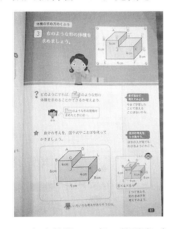
図８−２　５年生算数の一般の教科書（１ページ）

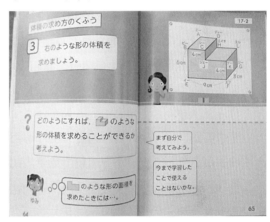
図８−３　拡大教科書（見開き２ページ）

8

(3)　一般の教科書

　弱視児童生徒の中には、通常の学校で用いる一般の教科書を使っている人もいます。視野が狭いため拡大するとかえって見えにくい人もいますし、目を近づけたり弱視レンズを活用することで一般の教科書が読める人、拡大読書器を用いる人など、理由は人それぞれですが、一般の教科書を使っている弱視児童生徒は多数存在します。

▶３．法的根拠による教科書の種類

　学校教育法（第34条−１）は、小・中・高等学校において、文部科学省著作教科書または文部科学省によって検定を受けた教科書を使うことを定めています。さらに、上記２種の教科書が子どもに適合していない場合に、その他の図書を教科書として使うことができることを定めた条文（学校教育法第34条−２及び附則第９条、旧法では107条）があります。視覚障害児童生徒用の教科書も、これらの規定に基づき作成・発行されています。

(1) 文部科学省著作教科書

　視覚障害児童生徒の教科書として、以下の点字教科書が文部科学省著作による特別支援学校視覚障害者用（点字版）教科書として出版され、全国の視覚特別支援学校（盲学校）等で使われています。

- 小学部の点字教科書6科目（国語、算数、社会、理科、外国語、道徳）
- 中学部の点字教科書6科目（国語、数学、社会、理科、英語、道徳）

　これらの点字教科書は、検定教科書の中から各教科1種を選び、それを原典として作成されています。また、原典に含まれている内容のほかに、点字を常用する児童生徒に必要な知識や技能を系統的に指導するための、特別な内容が付け加えられています。

　点字教科書だけの特別な内容として、小学部の国語では、点字学習のための導入教材、小学部の算数では、図を手指で触って認識する力を育てる基礎的練習のための触察教材、そろばんを用いた計算力を育成するための「珠算編」があります。

　中学部の国語では、各学年に資料編として分冊が作られ、原典にある「文法のまとめ」のほか、点字特有の表記法等をまとめた「点字の書き方」があります。また、付録として「小学校学習漢字音訓表」（第1学年）、「常用漢字表」（第3学年）があり、漢字の字形や音訓を検索できるようになっています。視覚特別支援学校（盲学校）の卒業生の中には、資料編や付録を卒業後も活用している人がいます。

　点字の英語には、読み書き速度を上げるために、速記記号のように少ない文字で表記できる略字があり、この略字を用いた英語表記は、イギリスやアメリカでも標準的な点字表記とされています。日本では、この略字の使い方を、中学部2学年と3学年で段階的に略字の使用を進めながら系統的に学習します。この学習によって、高等学校の教科書、大学の入学試験や各種の英語検定試験、アメリカやイギリスの書籍など、略字を使って表記されている英語を自由に読むことができるようになります。英語の点字教科書の分冊である資料編第1巻には、「英語点字入門」として、アルファベットから英語点字略字までの内容が整理されており、英語点字表記法の辞典としても活用できるようになっています。

　理科の点字教科書の編集に当たっては、点字で学ぶ盲児童生徒が、自分の手で観察や実験を行うことができるようにするため、小学部、中学部とも、観察や実験の方法や題材に工夫がされています。また、社会の点字教科書では、フィールドワークの内容を盲児童生徒に可能な方法にしたり、グラフ、表、地図などの扱いに工夫がされています。

　このように、文部科学省著作教科書は、一般の検定教科書を原典としていますが、検定教科書を単に点訳したものではなく、点字を常用する児童生徒の実態に応じて、原典の内容に、必要最小限の変更を加えて作成されています。

(2) 検定教科書（小・中・高等学校用教科書と全く同じもの）

　弱視児童生徒の中には検定教科書をそのまま使っている人もいます。特に、高等部（高

等学校）の場合、弱視生徒のほとんどが検定教科書を使っています。高等学校用拡大教科書が普及していない理由は二つあります。一つは、高等学校の教科書は内容が多く専門的な上に種類が多く、弱視生徒のニーズに合わせて編集した拡大教科書の作成が困難であるという事情です。もう一つは、中学部（中学校）卒業までに弱視レンズ等の視覚補助具の活用能力を高めることで、高等部（高等学校）段階では、視覚補助具を活用して通常の教科書を使うことができるだけでなく、将来の進学や就職のためにもその方向を目指すべきであるという考え方があるためです。なお、高等部（高等学校）の弱視生徒が通常の教科書を使う場合でも、本文より小さな文字で書かれている表や注釈のように特に判読しにくい部分や、新出漢字のように特に大きく鮮明に見る必要がある部分については、教材を拡大する必要があります。学校のコピー機を弱視生徒が使えるようにすることで、自分で必要な箇所を拡大して教材を準備する力を育てることもできます。

(3) その他の点字教科書と拡大教科書

文部科学省著作教科書以外の点字教科書、及び全ての拡大教科書は、学校教育法（平成23年6月最終改正）34条－2（49条、62条、82条）及び附則9条に基づき、教科書として認められた図書です。これらは改正前の学校教育法では、107条図書と呼ばれていました。具体的には、以下の教科書が該当します。

①小学部、中学部の点字教科書のうち、文部科学省著作教科書以外の教科の点字教科書。これらは、点字出版所が検定教科書をもとに編集して、点字教科書として発行しています（点字教科書としての編集が困難な図工と美術を除く）。

②高等部用の教科書として点字出版所から出版されている全ての点字教科書（職業課程の点字教科書および活字教科書や、地図帳などの資料を含む）。これらは、点字出版所が全国の視覚特別支援学校（盲学校）の希望を受けて検定教科書から原典を選んで出版しています。

③点訳ボランティア等によってプライベートサービスで点訳・供給されている点字教科書（小・中・高等学校に通学している視覚障害児童生徒が在籍する学校で使用している教科書が、文部科学省著作点字教科書および点字出版所から出版されている教科書と異なる場合）。

④検定教科書を原典として出版されている拡大教科書。

⑤拡大教科書作成ボランティアによるプライベートサービスで作成されている拡大教科書（出版されている拡大教科書が児童生徒のニーズに合わない場合）。

このように、視覚障害児童生徒の教科書には、学校教育法34条－2及び附則9条に該当する教科書が多いことがわかります。

8

▶ 4．教科書バリアフリー法

　2008（平成20）年6月に公布された「障害のある児童及び生徒のための教科用特定図書等の普及の促進等に関する法律」（教科書バリアフリー法）は、拡大教科書、点字教科書、その他障害のある児童及び生徒の学習の用に供するため作成した教材であって検定教科用図書等に代えて使用し得るものを「教科用特定図書」と位置づけ、その普及を促進し、障害の有無にかかわらず児童生徒が十分な教育を受けることができる学校教育を推進することを目的としています。

　「教科用特定図書」に位置づけられた教科書は、これまでも、学校教育法34条－2及び附則9条によって使用が認められていました。「教科書バリアフリー法」では、「教科用特定図書」を障害のある児童生徒が十分な教育を受けるために不可欠な教材であると積極的に位置づけ、国や教科書発行者の責任を明確に示しています。

　この法律の概要は、次のとおりです。

①国及び教科用図書発行者の責務：ここでは、国が教科用特定図書等の普及のために必要な措置を講ずるとともに、教科書発行者が、その発行する検定教科用図書等について適切な配慮をするよう務めることが明文化されています。

②教科用特定図書等の発行の促進等：教科書発行者が文部科学大臣に検定教科書のデジタルデータを提供するとともに、文部科学大臣が提供されたデジタルデータをボランティア団体等に提供することを義務づけています。また、文部科学大臣は、教科用特定図書の標準的な規格を策定・公表すること、教科書発行者は、その規格に適合した教科用図書等の発行に努めることを求めています。さらに、発達障害等のある児童生徒のための教科用特定図書等について調査研究等を推進するとともに、障害等に適切な配慮がされた検定教科書を普及することを求めています。

③小中学校及び高等学校における教科用特定図書等の使用の支援：ここでは、小中学校・高等学校の通常学級において、障害のある児童生徒が検定教科書に代えて教科用特定図書等を使用することができるよう配慮すること、また小中学校の通常学級の障害のある児童生徒が使用する教科用特定図書等の無償給与を定めています。

　この法律によって、点字教科書や拡大教科書の作成と普及に、国及び教科書発行者が責任を持つことが明確に示されました。また、将来的には、視覚障害児だけではなく、発達障害児にも拡大教科書等が適用されることや、検定教科書そのものに、障害に対する適切な配慮を求めていることは画期的なことと言えるでしょう。

▶5．教科書の無償給与

(1)　義務教育用の教科書

　小学部（小学校）、中学部（中学校）の教科書は、義務教育教科書無償措置法により無償で給与されています。

　この制度は、義務教育諸学校の児童生徒が使用する教科書を、国が発行者から直接購入して児童生徒に給与する制度です。全国の国公私立の義務教育諸学校で児童生徒が使用する全ての教科書が対象となります。点字教科書や拡大教科書の価格は非常に高いのですが、この制度により、本人や保護者の経済的な負担はありません。ただし、同じ種類（教科）の教科書について、一般の教科書、点字教科書、拡大教科書のいずれか1種類のみが無償給与の対象になります。また、紛失などにより再購入する場合は自己負担になります。

(2)　特別支援学校の高等部の生徒用教科書

　特別支援学校の生徒には就学奨励費が支給されており、高等部の生徒用教科書の購入費は就学奨励費の支給対象になっています。就学奨励費は、就学奨励法に基づき、地方公共団体が支給する経費の2分の1を国が負担する制度です。支給には保護者の収入による制限がありますが、教科書の費用は、保護者の収入にかかわらず支給されることになっています。実際には教科書は現物で給与され、本人及び保護者から教科書の代金を徴収することはありません。点字教科書は発行部数が少ないため、その価格は非常に高いのですが、この制度により、特別支援学校高等部に在籍する場合は、教科書は無償で給与されます。

(3)　小中学校に在籍する児童生徒の拡大教科書・点字教科書の無償提供

　特別支援教育の下で、小中学校に在籍する視覚障害児への拡大教科書、点字教科書の無償提供制度が進んでいます。この制度は、2004（平成16）年度から始まり、2005（平成17）年度には、全国で約600名の子どもに約9,000冊の拡大教科書が提供されました（文科省　初中教育ニュース38号）。さらに、2008（平成20）年に、「障害のある児童及び生徒のための教科用特定図書等の普及の促進等に関する法律等」（教科書バリアフリー法）が成立したことにより、点字教科書についても無償提供が明記されました。

　具体的には、視覚特別支援学校（盲学校）で使用されている教科書と同じ出版社の教科書が、在籍する小中学校で使用されている場合は、視覚特別支援学校と同じ点字教科書・拡大教科書が給与されます。また、視覚特別支援学校（盲学校）で使用されている教科書と異なる教科書が使用されている場合に、視覚障害者情報提供施設（点字図書館・点字出版所）や教科書点訳を行うボランティアグループのプライベートサービスを利用したときは、作成者に実費が支払われます。また、教科書発行者（出版社）が拡大教科書を発行している場合は、検定教科書に代えて拡大教科書の給与を受けることができます。いずれの場合も、児童生徒には無償で教科書が提供されます。

8

▶ 6．教科書無償制度の歴史

⑴　就学奨励法による無償給与の始まり

　教科書無償制度は、1954（昭和29）年に、盲学校・聾学校への就学を推進するために作られた、就学奨励法の制定に始まります。盲学校や聾学校は1県に1校であることが多く、遠距離通学や寄宿舎生活のために、地域の学校に通学する場合にくらべると保護者の経済的負担が大きくなります。そこで、保護者の収入の段階に応じて補助金を支給し、盲学校・聾学校への就学を奨励するためにこの法律が作られました。同法の制定によって、義務教育段階の点字教科書が就学奨励費で支給されるようになりました。同法の制定以前にも、就学奨励のための予算措置がなされることもあり、その予算によって義務教育段階の点字教科書が給与されることもありましたが、教科書の無償提供が制度として確立したのは、就学奨励法の制定からです。

　義務教育の教科書が無償給与されるようになっても、高等部の点字教科書は生徒の自己負担のままでした。点字教科書の価格は、一般の教科書の10倍以上であり、生徒の負担は非常に大きいものでした。この頃、一般の教科書の世界では出版社による売り込み合戦が過熱し、そのことが新聞紙上でも話題になっていました。盲学校の高等部の生徒たちは、そのような一般の教科書の出版状況と、改訂もほとんどされず、しかも高価な点字教科書の状況を比べて、不公平感を募らせるようになっていました。そのような情勢の中で、1955（昭和30）年10月に、全国の盲学校生徒会代表が東京教育大学附属盲学校に集まり、点字教科書の支給制度の改善を要求する生徒の集会が開かれました。この集会は、生徒たちの呼びかけによるものでしたが、その要求の内容は妥当なものと認められ、全国から集まった生徒の代表が附属盲学校の校長に引率されて文部省を訪れ、陳情が実現しました。これが、直接の契機となり、文部省側でも盲学校高等部の点字教科書について検討を進めていたこともあって、就学奨励に関する法律の一部改正が行われ、1956（昭和31）年度から、高等部教科書の無償給与が実現しました。このときの、「全国盲学校生徒点字教科書問題改善促進協議会」による集会と陳情は、「全点協運動」と言われています。

⑵　義務教育教科書無償措置法による教科書の給与

　1963（昭和38）年に義務教育学校の教科用図書の無償給与制度が始まったことにより、義務教育段階の点字教科書は、それまでの就学奨励費によるものではなく、義務教育教科書無償措置法によって給与されることになりました。なお、高等部は義務教育ではないため、引き続き、就学奨励費によって教科書が提供されています。

　拡大教科書が初めて出版されたのは、1992（平成4）年のことです。それ以降、出版されている小・中学校用の拡大教科書は、義務教育教科書無償措置法により無償で給与されています。

(3)　小中学校に在籍する視覚障害児の教科書

　このように、視覚特別支援学校（盲学校）や特別支援学級（弱視学級）で使われる教科書は、点字教科書、拡大教科書、一般の教科書のどれもが無償で給与されています。しかし、小中学校の通常学級に在籍する場合には、一般の墨字（活字）教科書のみが無償給与の対象であり、高等学校に在籍する場合は、教科書は全て有償という状態が続いていました。

　しかし、特別支援教育への移行を見据えた制度改革の中で、2004（平成16）年の4月から、小中学校に在籍する視覚障害児のための拡大教科書無償制度が実行され、同年9月には点字教科書も無償で給与されるようになりました。さらに、2007（平成19）年に特別支援教育がスタートし、翌2008（平成20）年6月に、「障害のある児童及び生徒のための教科用特定図書等の普及の促進等に関する法律」（教科書バリアフリー法）が公布されたことにより、小学校、中学校に在籍する児童生徒に対して、2009（平成21）年度から、拡大教科書及び点字教科書の無償給与制度が実現しました。

▶ 7．点字教科書の編集

　点字教科書は検定教科書を原典として作成されますが、視覚を中心にした原典を点字で理解しやすい教科書にするために編集がされています。ここでは、専門委員による編集会議を経て作成されている文部科学省著作教科書について、編集の概要を示します。

(1)　編集の基本方針
　①検定教科書（原典）と同等の内容を、点字使用者が学ぶことができるように、できるだけ、原典に忠実に編集を行う。
　②視覚と触覚の違いを考慮して、必要な変更を加える。

(2)　編集の実際
　①絵や写真を触図にしても理解しにくい場合は、文章による説明を加える。
　②実験・観察・実習の内容や方法が、点字使用の児童生徒に困難な場合には、点字使用の児童生徒に可能な実験・観察の内容や方法に変更する。
　③日常生活における経験の差、とりわけ視覚的な体験の差に配慮する。
　④漢字の字形のパズル、書き取りや漢字の読みの問題等は、問題の本質を損なわず、かつ、点字で学ぶ児童生徒に可能な問題に変更する。

(3)　点字教科書独自の内容
　●小学部国語　入門編
　●小学部算数　入門編（図形の触読）
　●小学部算数　珠算編

8

- 中学部国語　資料編（点字の表記法、漢字・漢語の学習）
- 中学部英語　資料編（略字、英語点字表記法）

⑷　図の修正

　一般的に図には修正が必要ですが、図によって扱いが異なります。ここでは、概念を表すパターン化された図と、実物の写真やスケッチなどに分けて、基本方針を示します。

Ａ．パターン化された図

　幾何図形、グラフ、力の矢印などのベクトル、配線図、原子の電子配置、有機化合物の構造式などのようなパターン化された図は、概念を図で表現するものです。その概念を理解するための手段として図的な表現が定着しており、視覚に障害があっても図的な表現を避けて通ることはできません。一方で、概念を表すために考え出されたものであるため、規則的でシンプルな図が多く、そのほとんどは、視覚障害者にも十分に理解ができます。

　パターン化された図の修正方針は次のとおりです。

　①できるだけノイズを減らし、基本的にはそのままで触図化する。

　②複雑な図の場合は分割して示す（全体と部分に分ける、いくつかの部分に分割など）。

　③立体を表す図は、見取り図ではなく、投影図的な表現図（上から見た図、横から見た図）、断面図、展開図など、触覚でわかりやすい図として書き直す。

Ｂ．写真や実物のスケッチなどの図

　生物の写真や絵、景観の写真やスケッチなど、実物に代わる図的な表現は複雑で、触図にしても理解は困難です。したがって、できるだけ実物や模型による理解を心がけることが基本です。教科書の図については、次のような基本方針で編集しています。

　①触覚でわかる簡単な図に修正する。修正ができない場合は図は削除するが、タイトルや図の説明文は残し、図を削除したことを記す。

　②図に表されているものの実物、標本、模型等がある場合は、それらの観察を基本とする考えに立ち、図を中心にした説明については修正する。

　③小学校低学年・中学年用の教科書で、絵や写真が表現の中心になっている場合は、絵や写真に代わる文章を補って、理解しやすくする。

　④スケッチとして表されている図でも、できるだけパターン化する。例えば、電気回路の実験器具の配置（スケッチ）は配線図で表す。遺伝子の組み合わせが図で示されている場合は、記号化して表の形式で示す等の書き換えを行う。

⑸　レイアウトの修正

　一般の教科書（墨字教科書）には、見開きにまたがるタイトル、コラム、縦の流れと横の流れの混在などが見られますが、点字ではこのようなレイアウトは使えません。また、番号を付けずに色で示す箇条書き表現も、点字では使えません。点字教科書作成には、レ

イアウトの修正が必要です。

修正に当たっては、論理的な展開順序や、授業場面での扱い方を考慮して、内容の表示順序を決めます。また、原典の墨字教科書では、図のタイトルや説明は図の下に示すのが一般的ですが、点字教科書では、図のタイトルや説明は、図の前につけます。

▶8．拡大教科書の編集・出版

拡大教科書が初めて出版されたのは、1992（平成4）年のことです。文部省の委嘱を受けて、日本弱視教育研究会が「拡大教材研究会」を組織し、検定教科書の文字等を拡大した拡大教科書の編集・作成を研究として実施したものです。作成された拡大教科書は、小学校用の国語と算数、中学校用の国語と数学の各2科目でした。その後も、筑波大学や国立特殊教育総合研究所による研究として、拡大教科書の編集・作成が行われ、コンピュータの活用による作成や、社会、理科のカラー版の拡大教科書の編集・作成のノウハウを積み上げると同時に、作成された拡大教科書は、実際に全国で使われています。

拡大教科書の編集に当たっては、内容の修正や削除は行わず、原典の教科書を弱視児童生徒が読みやすくするための変更を行っています。具体的には、文字の拡大、図表の拡大や色の調整、レイアウトの変更などです。このような基本方針を踏まえつつも、具体的な編集方針は、教科によって異なります。例えば、上に述べたような研究によって作成された拡大教科書の場合、国語では、弱視児童生徒の中で最も多い、視力0.1の人を基準にして22ポイントの丸ゴチックを採用しており、新出漢字については1点1画までわかるように、大きな教科書体の文字を使っています。文字を大きくすると、原典とはページがずれてきますので、拡大教科書のページのほかに原本教科書のページを表示しています。一方、算数・数学の教科書では、国語の拡大教科書の考え方を基準としながらも、教科の特性を考慮した編集を行います。算数・数学では、説明文や問題文と、それに対応する図が同じページまたは見開きで配置されていることが必要です。そこで、原典の1ページを拡大教科書2ページで表すことを原則にしたレイアウトをしているため、拡大教科書のページは、「23-1」「23-2」のように、原典の教科書のページを残した形で記されています。さらに、理科や社会については、図表をわかりやすく表示することが最も大きな課題であるため、弱視児童生徒に識別しやすい工夫がされたカラー印刷で作成されています。

「障害のある児童及び生徒のための教科用特定図書等の普及の促進等に関する法律」（教科書バリアフリー法）に基づき、文部科学省は、「教科用拡大図書の標準的な規格」を定めています。内容は、小中学校段階と高等学校段階に分けられ、それぞれ、①全般的事項、②各教科共通事項、③各教科固有事項　が示されています。

小中学校段階についての記述はA4判で11ページあり、記述内容は、先に述べた、1992年以来蓄積されたノウハウを、基本的に受け継いだものとなっています。なお、使用する文字フォントについては、将来より適したフォントが作られれば、変更する可能性

8

が示されています。2019年にUDフォント（ユニバーサルデザインフォント）が発表されましたので、今後はこのフォントを用いる拡大教科書が増えるかもしれません。

　高等学校段階については、小中学校段階の標準規格に準ずることを原則にしていますが、一般の教科書を単純拡大した「単純拡大教科書」を「規格の一つ」として認めており、この点は、これまでの拡大教科書の作成の原則や、小中学校段階の標準規格と異なります。

▶9．教科書作成をめぐる課題

⑴　多種類の教科書と、頻繁な改訂

　点字教科書や拡大教科書の作成には、多くの手間と費用がかかります。一方で、視覚障害児童生徒の数は少なく、1種類の点字教科書を使用する人数は、多くても100人以下という実態があります。そこで、全国の視覚特別支援学校（盲学校）では、全国共通の点字教科書、拡大教科書を用いています。そのため、交流学習の際に、地域の学校で用いている教科書と出版社が異なる場合もありますが、多種類の教科書を点字で出版することはできません。

　文部科学省著作教科書の編集作業では、視覚特別支援学校（盲学校）の教員などの専門委員による編集や校正が不可欠で、この作業は、教科書が使用される前年に半年以上もかけて行われます。その上、小学校、中学校とも、4年に1度、教科書の改訂があり、その都度、点字教科書も編集段階から作り直さなければなりません。

　このように、多種類の教科書の頻繁な改訂に対応しなければならない日本独特の事情が、学校備品である教科書を長年にわたって使い続ける欧米諸国や、国定教科書が主流のアジア諸国に比べて、点字教科書、拡大教科書作成の課題をさらに大きくしています。

⑵　高等学校段階の拡大教科書の問題

　「障害のある児童及び生徒のための教科用特定図書等の普及の促進等に関する法律」（教科書バリアフリー法）（2008）を受けて、2010（平成22）年度より教科書会社による高等学校段階の拡大教科書の発行が始まりました。しかし、高等学校段階では検定教科書の種類が多いため需要が分散し、作成コストが高くなります。また、高度かつ多量な学習内容の拡大教科書の編集のための、人材、時間、予算などの制約によって、単純拡大教科書が多くなっているのが実情です。また、高等学校に在籍する生徒には就学奨励費が支給されないため、高価な拡大教科書を自己負担で購入しなければならないという困難もあります。

　さらに、高等学校段階になると、小中学校段階での弱視教育の成果として、視覚補助具を活用して一般の教科書で学習できる生徒も多くなり、また、パソコン等を使って学習するために、拡大教科書より電子データの提供を希望する生徒もあるなど、ニーズも多様化しています。このように、高等学校段階の拡大教科書には多くの課題があります。

(3) プライベートサービスによる作成の問題

　出版されている拡大教科書の文字の大きさ等が本人の視力に合わない場合や、地域の小・中・高等学校に在籍していて自分の通う学校が採用している教科書が出版されている点字教科書の原典と異なる場合には、プライベートサービスに頼らなくてはなりません。2009（平成21）年度から、拡大教科書及び点字教科書の無償給与が実現したため、費用の心配はなくなりましたが、専門性の確保については問題が残っています。

　点字教科書や拡大教科書の作成には編集が不可欠です。編集には、教科の指導内容の理解と、視覚障害児の学習の特性の理解が必要なため、視覚特別支援学校（盲学校）の教員の参加が望ましいのですが、文部科学省著作教科書として出版される点字教科書の編集や、拡大教科書の編集と時期が重なるため、協力者の確保は難しいことが多いようです。また、プライベートサービスを請け負うボランティア団体などは熱心に研修を行っているものの、原典となる教科書の視覚的表現が多様になる中でどの団体も苦労している状況があります。

キーワード

点字教科書、拡大教科書、文部科学省著作による特別支援学校視覚障害者用（点字版）教科書、学校教育法34条−2及び附則9条（旧107条）、教科用特定図書、義務教育教科書無償給与制度、就学奨励費、教科書バリアフリー法、プライベートサービス

復習問題

1．点字教科書を作成する時にはどのような編集が行われていますか。
2．教科用特定図書に該当する教科書にはどのようなものがありますか。また、教科書バリアフリー法では、教科用特定図書等の普及の促進のために、国や教科書発行者にどのような配慮や行動を求めていますか。

【文　献】
1）　国立特殊教育総合研究所（2005）拡大教科書作成マニュアル．ジアース教育新社．
2）　文部科学省（2020）特別支援学校（視覚障害）小学部点字教科書編集資料（令和2年4月）．
3）　文部科学省（2016）特別支援学校（視覚障害）中学部点字教科書編集資料（平成28年4月）．
4）　文部省（1978）特殊教育百年史．東洋館出版社．
5）　東京教育大学雑司ヶ谷分校「視覚障害教育百年のあゆみ」編集委員会（1976）視覚障害教育百年のあゆみ．第一法規出版株式会社．

8

コラム④ 「デジタル教科書」と視覚障害教育

◇学習者用デジタル教科書

　学校教育法等の一部を改正する法律（平成 30 年法律第 39 号）により、学習者用デジタル教科書の使用が可能になりました。学習者用デジタル教科書とは、従来の「紙の教科書」を電磁的に記録した、児童生徒が使用する教科書を指し、教員が電子黒板に表示して使用するものは指導者用デジタル教科書と呼びます。学習者用デジタル教科書に動画やアニメーションが追加されていた場合、その部分は学習者用デジタル教材と呼びます。これは、単に紙からコンピュータへという変化ではありません。その意義について、いくつかのキーワードから考えてみます。

Society5.0：仮想空間と現実空間を高度に融合させたシステムにより、経済発展と社会的課題の解決を両立する、人間中心の社会のことで、情報社会（Society 4.0）に続く新たな社会を指すものとして提唱されました。例えば、目的地を車に告げると人工知能（AI）が最適なルートで自動運転してくれる、というのも仮想空間と現実空間の融合の一例と言えるでしょう。

新学習指導要領に示された「情報活用能力」「主体的・対話的で深い学び」：「情報活用能力」とは、端的には「問題の発見・解決や自分の考えの形成に情報および情報技術（ICT）を活用するために必要とされる資質・能力」と言えます。小学校学習指導要領解説総則編では、この能力の育成のためには、「日常的に情報技術を活用できる環境を整え、全ての教科等においてそれぞれの特質に応じ、情報技術を適切に活用した学習活動の充実を図ることが必要である」と指摘しています。また、「主体的・対話的で深い学び」とは、これから求められる学びの形であり、興味や関心を持って取り組み（主体的）、他者との協働や対話、これまでに示されてきた考えとの比較等を通して考え（対話的）、学びの過程の中で、これまでの知識と関連付けたり、情報を詳しく調べたり、問題を発見して解決策を考えたり、発展的に考えたりする（深い）学び、と言えるでしょう。「情報活用能力」はこうした学びにもつながります。

　Society5.0 の社会を見据えた時、情報技術の活用は単なる ICT スキルではなく、社会生活を送る上での基礎能力となります。そのため学校教育段階において、ICT 教育、ICT を用いた学習、デジタル教科書・教材の活用等を通した情報技術活用能力の育成が求められます。また、学習者用デジタル教科書は「主体的・対話的で深い学び」実現のための手段とされています。例えば、教科書に書き込みながら考える時、デジタル教科書では書いたり消したりすることが容易であり、失敗を恐れず試行錯誤しながら考えを深めることができ、複数の子どもの考えを電子黒板に示して比較したり、デジタル教材と連動させて過去の人物の考えと比較したり、そこからさらに自分の考えを深める活動につなげたり、ということができます。さらに、授業中の単純作業の効率化により、考える時間、他者と議論する時間、考えを深める時間を増やすことができます。このことは授業のあり方を大きく変えることにつながります。

　このように、学習者用デジタル教科書を導入するということは、今後の学びのあり方と深く関わっているのです。そうした学びを実現させるために、子供たち一人ひとりに個別最適化され、創造性を育む ICT 環境の実現を目指す GIGA スクール構想（GIGA：Global and Innovation Gateway for All）により ICT 機器普及の方策が示される等、環境整備も進められています。

◇視覚障害教育への学習者用デジタル教科書の導入

期待されることと留意点：学習者用デジタル教科書の大きな特徴の１つは、障害のある子どもにも使いやすい教科書であることです。拡大や読み上げ、色の変更などの表示の変更、漢字のルビ振りの追加、ページめくりの簡易化等により学びやすくなることが期待できます。学習者用デジタル教科書導入前から利用されてきた、障害のある児童生徒のためのデジタル教材

（教科用特定図書等）[4] の１つである「PDF 版拡大教科書」の導入の成果[6] からは、視覚障害児の勉強時間の増加や学習意欲、成績の向上が期待できること、教科書の電子データを表示し操作するアプリ（ブラウザやビューワと呼ばれます）自体が、視覚障害児にとって見やすく操作しやすいものである必要性、さらには、教員が学習者用デジタル教科書の特性を生かした指導方法（利用・活用方法）を習得する必要性も指摘されています。

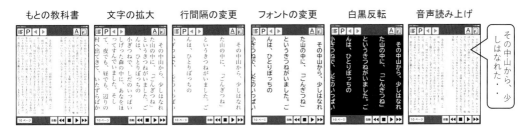

学習者用デジタル教科書で読みやすく（UD ブラウザ[7] を用いた参考イメージ）

実践報告からの示唆：弱視生徒が中学校英語で学習者用デジタル教科書を活用した実践事例[3] において、

- 自身の見え方に応じて文字の拡大や白黒反転をして読みやすくすること、音声出力でネイティブの発音を確認すること等で内容理解がしやすくなること。
- 検索機能による移動の迅速化や、英文抜き出しツールによる書き写しの負担の軽減等で作業の効率化を図ることができ、また、教科書を保存しているタブレット端末のデータ保存機能や辞書機能と連動させることで、教材へのアクセスや単語調べが容易になることから、英作文について考える時間を増やすことができること。
- プレゼンテーションアプリを併用することで、プレゼンテーション資料の作成が容易になり、多様な学習ニーズのある生徒がプレゼンテーションに参加できること。
- 教員の教材準備の負担軽減に繋がったこと。

といった工夫と効果が報告されています。

　これらのことは、学習者用デジタル教科書の活用が、視覚障害による学びの困難を低減させ、情報活用能力の育成や主体的・対話的で深い学びにつながっていることを示唆しています。

【文献】
1) 一般社団法人教科書協会（2019）学習者用デジタル教科書ガイドブック. http://www.textbook.or.jp/publications/data/191030dtbguide.pdf
2) 文部科学省（2018）学習者用デジタル教科書の効果的な活用の在り方等に関するガイドライン. https://www.mext.go.jp/b_menu/shingi/chousa/shotou/139/houkoku/__icsFiles/afieldfile/2018/12/27/1412207_001.pdf
3) 文部科学省（2019）学習者用デジタル教科書実践事例集. https://www.mext.go.jp/a_menu/shotou/kyoukasho/seido/__icsFiles/afieldfile/2019/03/29/1414989_01.pdf
4) 文部科学省：教科用特定図書等（拡大教科書、点字教科書、音声教材）https://www.mext.go.jp/a_menu/shotou/kyoukasho/1371719.htm
5) 内閣府：Society 5.0. https://www8.cao.go.jp/cstp/society5_0/index.html
6) 中野泰志・氏間和仁・永井伸幸・韓 星民・田中良広（2018）ロービジョンの生徒のための教科書閲覧アプリの開発（2）－閲覧アプリ iBooks と UD ブラウザがデジタル教科書の利用実態に及ぼす影響－. 日本ロービジョン学会誌，18，106-120.
7) 中野泰志：教科書・教材閲覧アプリ「ＵＤブラウザ」. http://web.econ.keio.ac.jp/staff/nakanoy/app/UDB/

第9章

自立活動の指導

▶1．自立活動とは

　特別支援学校の教育課程には、自立活動という領域があります。

　小学校学習指導要領（平成29年3月告示）に示されている教育課程の領域は、各教科、特別の教科 道徳、外国語活動、総合的な学習の時間、特別活動の5領域ですが、特別支援学校の小学部の教育課程は、上記5領域に自立活動を加えて6領域で構成されます。

　同様に、中学校の教育課程の領域は、各教科、特別の教科 道徳、総合的な学習の時間、特別活動の4領域ですが、特別支援学校の中学部の教育課程は、自立活動を加えて5領域で構成されます。

　特別支援学校の学習指導要領には、小学校、中学校、高等学校と全く同じ教育目標とともに、「障害に基づく種々の困難を主体的に改善・克服する」という独自の教育目標が示されています。この教育目標の実現を目指して設定されている領域が、自立活動です。

▶2．「養護・訓練」から「自立活動」へ

　「自立活動」は、1971（昭和46）年から始まった「養護・訓練」という領域を継承しています。「養護・訓練」という新しい領域ができる前は、例えば、歩行指導は体育の授業で行うとか、点字の指導は国語の授業で行うというように、この領域の内容は、各教科の指導内容に含まれていましたが、それだけでは不十分でした。特に、義務教育の充実に伴い小・中学部で増加していた重複障害児の指導には、日常生活の基礎指導のレベルから、その特性に配慮した指導を、時間をかけて行う必要がありました。このような状況を踏まえ、個々の児童生徒の実態に応じて、障害を軽減・克服するための指導を重点的に行うために、「養護・訓練」の領域が新設されました。

　1999（平成11）年に、「養護・訓練」の領域名は「自立活動」に変わりました。「養護・訓練」という名称が、「保護する」とか「繰り返し教え込む」というイメージを呼びやすく、ともすれば訓練の時間という誤解を生みやすいことに配慮して、「自立活動」という名称を用いることになったのですが、領域の本質が変わったわけではありません。

　自立活動領域の目標は「個々の児童又は生徒が自立を目指し、障害による学習上又は生活上の困難を主体的に改善・克服するために必要な知識、技能、態度及び習慣を養い、もって心身の調和的発達の基盤を培う。」と学習指導要領に示されています。この目標にも、

児童生徒の主体的な学習活動であることが強調されています。教師の役割は、児童生徒が主体的に学ぶことができるような環境を整え、自ら学ぶ意欲を喚起しつつ、主体的に学び取ることができるようにすることです。これは、教科学習をはじめとする全ての学習に共通する考え方でもあります。

▶3．特別支援学校学習指導要領に示された自立活動の「内容」

特別支援学校学習指導要領に示された自立活動の内容は、人間としての基礎的な行動を遂行するために必要な要素と、障害に基づく種々の困難を軽減・克服するために必要な要素を検討して、その中の代表的なものを整理したもので、次の6つの区分のもとに、27項目が示されています。

```
1．健康の保持
2．心理的な安定
3．人間関係の形成
4．環境の把握
5．身体の動き
6．コミュニケーション
```

自立活動の内容は、このように、学部・学年、障害の種類にかかわらず、共通のものとして記載されています。この点が、学部・学年によって目標が決まり、障害に応じた指導上の配慮事項が明確に示されている「各教科」の記述とは異なるところです。

このように、特別支援学校学習指導要領に、共通する内容を記している理由は、第一に、この6つの区分が普遍的なものであり、どの障害にも当てはまるものだからです。一方で、具体的な指導の目標や内容は、年齢や学年、障害の種類によって決まるものではなく、子どもの具体的な状況に応じて個別的な対応が必要になるというのも、その理由です。

そこで、自立活動の指導は、6つの区分について、個々の児童生徒の実態を把握し、個別の指導計画を立案して指導を行うこととしています。

▶4．学習指導要領に示された自立活動の「内容」と、指導計画との関連

これまで述べたように、特別支援学校学習指導要領に示された自立活動の「内容」は、具体的な指導内容ではなく、むしろ、指導計画立案のために考慮すべき「要素」と考えられます。指導に当たっては、6つの区分について、個々の児童生徒の発達の状態やニーズを勘案して、具体的な「個別の指導計画」を立案します。その場合、6つの区分のそれぞれの達成を目指すわけではなく、この6つの区分の内容を、歩行指導や日常生活動作のような具体的な学習活動の要素として位置づけて考えることが必要です。例えば、視覚障害児の歩行指導には、以下のように、6つの要素全てが関わっています。

9

①元気に歩行するための「健康の保持」

②歩きたいと思い、怖いと思う気持ちを克服して前向きに取り組む「心理的な安定」

③学校では教師との信頼関係、社会に出てからはガイドヘルパーとの信頼関係など、「人間関係の形成」

④安全に目的地に行くための、地理的な「環境の把握」

⑤歩行動作を円滑に進めるための「身体の動き」

⑥公共の交通機関を利用したり、人に道を尋ねたりするための「コミュニケーション」

このように、歩行一つをとっても、6つの要素が複雑に関わっています。なお、指導計画の立案に当たっては、このような多様な要素を1回の指導に盛り込むのではなく、あるときには、「怖さを克服して歩く意欲を持つ心理的な安定」を重点目標にし、また、あるときには、「白杖を使って姿勢良くリズミカルに歩く身体の動き」を重点目標に指導するというように、目標・内容を重点化して、明確な意識づけのもとに指導を行います。一人で未知の場所に行く段階では、「歩行の途中で人に道を尋ねる場面での人間関係、環境の把握、コミュニケーション」のように、要素が複合した課題の達成を目標にすることもあります。

なお、自立活動は個別の指導計画に基づく個別的な指導ですが、いつもマン・ツー・マンで指導しなければならないわけではありません。例えば、歩行における白杖の持ち方や振り方の基礎指導のように共通の技能の習得を目的とした指導においては、複数の生徒を同時に指導することもあります。しかし、その場合でも、各児童生徒には、それぞれ異なる目標が設定されていることもあり、教師は個々の生徒の目標に沿って指導に当たります。その意味では、集団で指導していても、基本的に個別の指導が行われていると言えます。

▶5．視覚障害児の自立活動の実際

個々の視覚障害児童生徒のニーズを踏まえて、視覚特別支援学校（盲学校）で実施されている自立活動の内容は多岐にわたります。その中から、代表的な内容を以下に紹介します。

⑴　手指の使い方や探索に関すること

視覚障害児の探索行動においては、触覚が重要な役割を果たしています。手や指は、ものを握ることや持つことという本来の役割を越えて、視覚に代わってものの形や大きさを調べるためにも使われます。そこで、手指を効果的に使って探索する技術を身につけることが大切ですが、視覚による動機づけや模倣ができない視覚障害児には、幼少期からの系統的な指導が極めて重要です。

⑵ 空間概念や運動動作に関すること

　視覚障害児は、運動や動作の模倣ができないため、身体の各部のどこを意識してどのように動かすかを丁寧に指導する必要があります。そこで、自分の身体に関するイメージを持たせ、自分を中心として、前後、左右、上下といった方向性を確立させることが大切です。右手を挙げる、左足を前に出す、両手を前に伸ばす等の動作や、左を向く、右に曲がるなどの指示に従って身体を動かすことや、自分の動作を言葉で振り返る学習を通して、身体座標軸による方向の定位や表現ができるようにします。

　次の段階として、東西南北、上下などの空間座標軸に自分を位置づけて、客観的な空間概念を発達させることが必要です。一般に空間の定位には、景観や建物の配置、道路など、視覚情報が拠り所になっています。しかし、車の走る音で道路の向きを知ることや、太陽の暖かさなど、視覚以外の情報の中にも空間の定位に使える確かな情報を見つけ出すことは可能です。これらの情報を活用した実際の行動を通して空間概念を育てることが重要です。特に、なだらかな曲がり角や、階段の踊り場でのUターンは、進む方向が変わったという意識を持ちにくいものです。地図を使って確認したり、音の聞こえる方向の変化に注意させたりして、空間の中に自分の動きを位置づけることができるように、意識づけをすることが大切です。

⑶ 歩行に関すること

　視覚障害児童生徒に対する歩行指導は、外界への興味・関心を持たせることから始まり、歩行動作の獲得と、方向の定位という大きな課題を克服しながら、一人で安全に目的地に行くことを目標に、一般的には数年間の長い指導として続けられます。具体的な指導については、第10章を参照してください。

⑷ 点字の初期指導に関すること

　文字の指導の中心は国語の授業ですが、自立活動では、点字学習の基礎能力の向上を目的とした指導を行います。また、弱視児童生徒が、使用文字を墨字（活字）から点字に切り替えるときには、自立活動の時間を活用して点字の読み書きの指導を行います。特に、視力の低下が急激で、教科学習の基礎能力として点字の習得が喫緊の課題となっている場合は、一部の教科を自立活動に振り替えて点字の習得を優先させます。急激な視力低下に伴って、点字と歩行が最も大きな課題となりますが、学校においては、まずは点字の習得を優先させます。点字の読み書きが、教科をはじめとする全ての学習の基本になるからです。

⑸ 日常生活動作（ＡＤＬ）に関すること

　幼少期など発達の初期の段階では、食事の仕方や衣服の着脱など、自分のことを自分で

できるようにすることが課題になります。成長に応じて、整理・整頓、掃除、洗濯等、身の回りの家事を自分でできるようにします。高等部の卒業が近づく頃には、一人暮らしを想定して、買い物、調理、後片付けなど、毎日の食事に関わることをはじめ、洗濯、掃除など、暮らしに伴う家事を能率良く処理できることを目標にします。また、服装のコーディネートや身だしなみも、一人暮らしでは自分で考えなければなりません。さらに、戸締まりなどの安全確認や、郵便物の処理、福祉サービスの利用、近所の人との付き合いなど、社会生活を送る上で大切なことも知っておく必要があります。日常生活動作の指導は、初めは学校内で行いますが、一人暮らしを始める時期になったら、実際に生活をするアパートなどで練習をすることが効果的です。教師の指導には時間的な限界がありますので、保護者や福祉サービスとの連携のもとに進めることが必要です。

　視覚障害者が、目の見える人とまったく同じ方法で調理を行うことには困難があります。しかし、便利な器具を用いたり、方法を工夫したり、目で見て確認する代わりに聴覚や嗅覚、触覚を活用することで、調理をすることができます。例えば、ハンバーグなどの焼け具合は、焼き色が見えなくても、匂いの変化や、箸で軽く押した時の弾力、油がはねる音などで判断することができます。また、1回押せば一定量の液体が出る調味料入れや、音声が出るはかり、2分の1カップ、4分の1カップの液体をきっかり量ることができる計量カップも市販されています。さらに、電子レンジ、トースター、電気炊飯器、洗濯機などの家電製品は、使いやすいシンプルな製品を選び、触って確認できる目印を自分で貼り付けたりすることで、十分に使いこなすことができます。

⑹　視知覚の向上に関すること

　弱視児の自立活動では、できるだけ低学年のうちから、保有する視覚を最大限に活用し、見たものを認識する力を高めることが大切です。

　主な指導内容としては、視覚活用を促す指導、形、大きさ、色などの弁別、平面に描かれた図の理解、弱視レンズや拡大読書器の使用などがあります。指導内容の詳細については、第3章、第5章を参照してください。

⑺　コンピュータ等の活用に関すること

　最近では、パソコンをはじめとして、携帯電話などを利用した日常的なサービスが増えています。また、障害を補償する技術としても情報機器が重要な位置を占めています。特に大学では、点字を使用する学生が、パソコンを用いて普通文字のレポートを作成すること、インターネットを活用して検索をすること、メールを使うこと、テキストデータを読むこと、普通文字と点字の相互変換をすることなどを日常的に行います。

　したがって、教科「情報」の指導とも関連づけながら、高等部卒業までには、これらの技術を活用するための基礎指導を行う必要があります。

▶6．個別の指導計画の作成

　具体的な指導に当たっては、個々の児童生徒の障害の状態や発達段階を考慮して、適切な指導目標を想定し、系統的に指導をする必要があります。このために、1999（平成11）年の学習指導要領の改訂で、自立活動領域においては「個別の指導計画」を作成して指導に当たることになりました。

　個別の指導計画の作成に当たっては、対象となる児童生徒の実態を明らかにして、短期・長期の指導の重点目標を明確にすることが必要です。次に、その重点目標を達成するための指導内容を選定し、具体的な指導方法や指導形態を検討し、それらをもとに実際の指導を行うための指導細案を立てて実践することになります。さらに、その実践が、児童生徒にとってどのような成果に結びついたかを評価して、よりきめ細かい実態把握、重点目標の設定、指導内容の選定、指導法の選択といった、次の実践のプランにつなげること、すなわち、「計画・実施・評価（Plan Do See）」の手順のスパイラルが大切です。

　最初の実態把握は、視覚障害の診断や発達検査の結果、生育歴の情報などを参考にします。行動に関するチェックリストを用いて児童生徒の行動を観察することも有効です。このような各種データを参照しても、この段階での実態把握は不十分なことが多いものです。しかし、自立活動の指導そのものを通して子どもの実態がさらによく見えてくるものですから、とりあえずは把握できる範囲の情報で個別の指導計画を立案して指導を開始し、その実態把握の結果を反映して、個別の指導計画を柔軟に変更することが大切です。

　個別の指導計画には定まった形式があるわけではなく、各学校で形式を工夫していることが多いようです。個別の指導計画は、効果的な指導に役立てるために作成するものですから、形式にとらわれることなく、実質的な形式を工夫することが大切です。

　個別の指導計画は、担当教員が一人で立案するのでなく、チームを組んで指導目標や内容に関する検討を行うことが大切です。どのような立場の教員がチームを組むのがよいか、校外の専門家との連携はどうするか、保護者の参加をどうするかなど、児童生徒や学校の実態に合わせて検討します。

▶7．指導時間と指導形態

　自立活動の指導は、専門的な知識や技能を有する教師を中心として全教師の協力の下に学校における教育活動の全てにおいて行うことが基本とされています。つまり、特設された自立活動の時間だけでなく、各教科、特別の教科 道徳、総合的な学習、特別活動の時間の指導においても、障害による困難の軽減・克服を目指した内容や方法が指導の中に加わっています。

　例えば、小学部の算数では、盲児が触って図形を理解するための技術や基本図形の知識を系統的に学びます。そのために、1冊の点字教科書全てが、触図（触るための凸図）で

9

できている分冊があります。これは、原本の検定教科書にはない、点字教科書だけの特別な内容で、小学部１年生から６年生まで、折に触れて、図をみる（触察する）学習を続けることになっています。視覚に障害のない人は一目瞭然に図形をとらえることができます。図形は、「見ればわかる」ものだからです。しかし、指先で図を触って理解することは容易ではありません。無意識に触るだけで図を理解することはできません。図を理解する力は、系統的な学習によって育てなければならないものなのです。算数で図形の性質を学ぶには、触図を触って理解する力が不可欠ですから、図形を触って理解する力を育てることは、算数という教科学習の一部でもあります。

　同時に、触図を触って理解する学習は、視覚に障害があることから生じる困難や制限を改善・克服するための活動ともとらえることができます。その意味で、この学習は、自立活動であるとも言えるわけです。

　理科における観察や実験の指導にも自立活動の要素があります。例えば、化学実験を行うためには、上皿天秤やメスシリンダーなどの測定器具や、ガスバーナーのような加熱器具を使うための基本操作の練習が必要です。視覚に障害のある児童生徒は、ガスバーナーの炎の色を見る代わりに、燃える音を聞いて炎の大きさや空気の混ぜ方を調節するなど、視覚に依存しない方法で実験を遂行できるように基本の操作を学びます。化学実験の基本操作の練習は、視覚に障害のない児童生徒にも必要です。しかし、視覚に障害がある場合は、試験管に水を入れる、水がどこまで入っているか判断する、試験管に食塩と水を入れ振り混ぜて溶けたかどうかを確認するなど、視覚に障害がない児童生徒には特に指導する必要のない操作を、時間をかけて習得させる必要があります。このようにして、視覚に依存せずに実験を遂行できる基礎的な操作能力を身につけることで、視覚に障害があっても、自分で実験を行うことができるようになります。このような実験の基本操作の指導は、教科の内容として位置づけられていますが、同時に、障害による困難・制限を改善・克服するための学習、すなわち自立活動として位置づけることもできます。

　ただし、教科には、独自の目標、内容、そして時間の制限があります。教科の指導の本質を踏まえつつ、教科の指導の枠の中で、障害による困難や制限を改善・克服する工夫をすることが、教科における自立活動です。

　教科の枠組の中では十分に成果が上がらない場合や、歩行の指導のように、他の領域では指導が難しい内容は、特設された自立活動の時間に系統的な指導を行います。

　このように、自立活動の時間や指導形態は、児童または生徒の障害の状態に応じて、週の時間割に位置づけられた特設時間を中核に据えて、学校の教育活動の様々な場面を活用しながら、継続的、系統的に行うことが大切です。

　また、入学当初のオリエンテーションや中途失明者の点字指導等は、教科の一部を自立活動に振り替えて集中的に行うことも必要です。学校の環境に慣れることや、使える文字を習得することが、全ての教育活動の基礎となるからです。逆に、毎日15分ずつという

ように短時間の指導を継続することで効果が上がる内容もあります。運動機能の向上、弱視レンズの使い方の練習、漢字の練習などは、短時間の指導を継続して行うことがふさわしい内容だと言えます。

　同じ課題でも、対象となる児童や生徒の発達段階やニーズによって、指導時間や指導形態を考慮する必要があります。例えば、小学部の児童の歩行指導は、実際に一人歩きをする必要が差し迫っていないので時間的なゆとりがありますから、数年後を見据えた長期的な目標を設定し、子どもの発達の一環として指導します。具体的には、屋外での活動に適した時期や好天時に指導を行い、年間計画の中で定めた期間が終われば、目標が十分に達成できていなくても指導を終了して、次年度につなぎます。子どもの発達は様々な刺激で促進されますから、学校での学習や日常生活の経験によって、今年はできなかったことが翌年には容易に達成できることも少なくないからです。

　一方で、中学部や高等部の生徒が、一人で通学をしたいという明確な目標を持っている場合には、特設の自立活動の時間だけでなく、毎日の通学時間や放課後の時間を活用して集中した指導を行い、目標の達成に努めます。このことが、本人の成就感や生活の質の向上につながるからです。

　なお、視覚特別支援学校（盲学校）には、成人の中途失明者が入学することもあります。成人の中途失明者の自立活動は、失明前の生活能力を取り戻すリハビリテーションの意味合いが強く、学齢の児童生徒の自立活動とは異なります。例えば、歩行については、成人の中途失明者は道路や交通機関のイメージを持ち、それを利用した経験を持っていますから、これまで視覚によって行っていたことを、視覚に依存しないで行うことが目標になります。また、多くの場合、社会復帰までにあまり時間がありませんので、集中して指導を行う必要があります。中途失明者の抱える大きな課題は、失明による喪失感ですが、歩行や点字、日常生活動作、パソコンの操作などを自力で行う力を取り戻すことが、精神的な立ち直りにも大きな意義を持ちます。

▶8．主体的な学習を促すための留意事項

　特別支援学校小学部・中学部学習指導要領（平成29年4月告示）には、具体的な指導内容を設定する際に留意するべきこととして、以下の6点が挙げてあります。

> ア．児童又は生徒が、興味を持って主体的に取り組み、成就感を味わうとともに自己を肯定的に捉えることができるような指導内容を取り上げること。
>
> イ．児童又は生徒が、障害による学習上又は生活上の困難を改善・克服しようとする意欲を高めることができるような指導内容を重点的に取り上げること。
>
> ウ．個々の児童又は生徒が、発達の遅れている側面を補うために、発達の進んでいる

側面を更に伸ばすような指導内容を取り上げること。

エ．個々の児童又は生徒が、活動しやすいように自ら環境を整えたり、必要に応じて周囲の人に支援を求めたりすることができるような指導内容を計画的に取り上げること。

オ．個々の児童又は生徒に対し、自己選択・自己決定する機会を設けることによって、思考・判断・表現する力を高めることができるような指導内容を取り上げること。

カ．個々の児童又は生徒が、自立活動における学習の意味を将来の自立や社会参加に必要な資質・能力との関係において理解し、取り組めるような指導内容を取り上げること。

特別支援学校小学部・中学部学習指導要領　第7章第3の2（3）

　自立活動においては、児童生徒が、何のために何をするのかを理解して、主体的に学習に取り組み、努力の結果、課題が達成できたという成就感を味わうことが大切です。そのためには、努力をすれば解決できるような課題を設定すること、興味関心が持てるような題材や教材教具を工夫すること、児童生徒が達成したことを自覚できる機会を設け、意欲的な取り組みが身を結んだ実感を持たせることが大切です。

　「自己を肯定的に捉える」指導は、2009（平成21）年の学習指導要領の改訂以来、強調されてきました。自立活動は、障害による困難と向き合い、その困難の改善・克服を目指す活動であるため、ともすれば障害の負の側面にばかり目が行くことになりかねません。これを防ぐために、個々の児童生徒の遅れている面ばかりを取り上げるのではなく、進んでいる面をさらに伸ばす指導内容を取り上げることも大切です。また、指導の段階を細分化して、一つ克服できるたびにほめて自信を持たせることも必要です。そのような学習を積み重ねて、やがては、自分の長所も短所も含めて自己を肯定できる段階に進むことが期待できます。さらに、2017（平成29）年の学習指導要領の改訂では、自己選択・自己決定の機会を設けることや、将来の自立や社会参加との関係で学習の意味を理解させることが留意事項に加えられました。そのために、中学部、高等部では、同じ障害を持つ先輩との交流の機会を持つことも大切です。それによって、生徒が、同じ障害のある年長者をモデルとして、障害者としての自己を肯定し、将来の自立や社会参加のイメージを描くことが期待できます。

▶9．重複障害児の自立活動

　特別支援学校小学部・中学部学習指導要領には、「重複障害者のうち、障害の状態により特に必要がある場合には、各教科、道徳、外国語活動若しくは特別活動の目標及び内容に関する事項の一部又は各教科、外国語活動若しくは総合的な学習の時間に替えて、自立活動を主として指導を行うことができるものとする。」という規定があります。これは、

重複障害者のうち、障害の状態により特に必要がある場合について、自立活動を中心とした教育課程を編成することを認めたものです。

　知的な障害がある子どもの視覚検査には困難が多く、見えているかいないかの判別さえ難しい場合もあります。きらきらしたものを見せた時に反応するか、目の前で動かしたものに視線がついてくるか、音による刺激に反応するかなどを丁寧に観察しながら、子どもの実態に応じた動機づけを工夫します。また、ボタンを押すと音が出る玩具のように、子どもの働きかけに応答する操作しやすい玩具を活用することも、子どもの自発性を引き出すために効果があります。

　重複障害児の指導では知的な遅れに気をとられがちですが、視覚による動機づけや模倣ができないことを指導の前提にして、視覚障害児としての自立活動を、基礎からスモールステップで丁寧に積み上げることが大切です。

▶10. 特別支援学級、通級による指導における自立活動

　平成 29 年告示の小学校学習指導要領、中学校学習指導要領では、障害のある児童生徒の実態を考慮して特別の教育課程を編成する必要がある場合について、特別支援学級、通級指導において自立活動を取り入れることが、以下のとおり総則に明記されました。

①特別支援学級における自立活動

　特別支援学級において実施する特別の教育課程の編成に係る基本的な考え方の一つとして、「障害による学習上又は生活上の困難を克服し自立を図るため、特別支援学校小学部・中学部学習指導要領第 7 章に示す自立活動を取り入れること。」とされています。

②通級による指導における自立活動

　通級による指導を行い、特別の教育課程を編成する場合について、「特別支援学校小学部・中学部学習指導要領第 7 章に示す自立活動の内容を参考とし、具体的な目標や内容を定め、指導を行うものとする。その際、効果的な指導が行われるよう、各教科等と通級による指導との関連を図るなど、教師間の連携に努めるものとする。」

③個別の指導計画の作成

　特別支援学級に在籍する児童生徒及び通級による指導を受ける児童生徒については、「個々の児童（生徒）の実態を的確に把握し、個別の教育支援計画や個別の指導計画を作成し、効果的に活用するものとする。」とされています。

　このように、特別支援学級や通級による指導において自立活動の指導を行うことが学習指導要領に明記され、小学校、中学校における特別支援教育の充実が図られたことは、2017（平成 29）年の学習指導要領の改訂の特色の一つです。しかし、その実施のための教師の専門性は残念ながら保障されているとは言いがたい状況があります。したがって、特別支援学校（盲学校）による助言や支援の必要性が、これまでにも増して大きくなって

います。

▶ 11. 学校教育における合理的配慮と自立活動とのかかわり

　合理的配慮については、本書のコラム①に説明しています。学校教育において、障害のある子どもが他の子どもと平等に教育を受けられるようにするために、学校の設置者及び学校が、障害のある子どもに必要な対応や配慮を行うのが合理的配慮です。一方で、自立活動は、個々の児童又は生徒が自立を目指し、障害による学習上又は生活上の困難を主体的に改善・克服するために必要な知識、技能、態度及び習慣を身に付け、自己が活動しやすいように主体的に環境や状況を整える態度を養うための学習活動です。

　例えば、弱視児童が他の児童と平等に授業を受けられるように、教師が拡大文字のプリントを用意することはこの児童に対する合理的配慮です。一方、この児童が、プリントの文字が見えにくいという学習上の困難を主体的に改善・克服するために、弱視レンズ等の視覚補助具を活用するために行う学習活動が自立活動です。合理的配慮も、自立活動も、障害による困難を改善・克服するために必要なもので、児童生徒の実態に合わせて実施することが大切です。上記の例では、弱視児が、弱視レンズを活用する技術に習熟していない段階では、拡大文字の教科書やプリントの必要度は非常に高くなります。一方、弱視レンズの活用に習熟した段階、例えば高等学校（高等部）の生徒の場合は、普通サイズの文字の教材を使いこなせることが多くなり、拡大文字の教材の必要度は相対的に低くなります。しかし、弱視レンズの使用に習熟した生徒であっても、入学試験のように限られた時間内に多くの問題を解くことを求められる特殊な状況では、拡大文字の試験問題や時間延長などの合理的配慮が必要になります。つまり、環境条件に応じて必要な合理的配慮は変わるものなのです。

　視覚に障害のある児童生徒は、これまでの生育歴の中で、「見えない（見えにくい）から無理だ」と言われた経験を持っていることが多く、それだけに、「自分にもできる」という経験や、自分にもできる方法を身につけることに大きな喜びを感じることが多いものです。したがって、自立活動は、障害による困難を改善・克服する技能や態度を養うだけでなく、個々の児童生徒の自己肯定感や向上心、すなわち生きる力に大きな影響を与えるものであることを教師は忘れないようにしたいものです。

　しかし、自己の努力だけでは改善・克服できない困難については、合理的配慮を求めることが必要です。その過程では、自立活動の「環境の把握」、つまり自分がどのような困難に遭遇しているかを認識することや、「コミュニケーション」、つまり合理的配慮の提供者に対して状況を説明して必要な配慮を依頼する力が必要になります。学校における合理的配慮の提供の過程においては、自立に向けての学習を同時に進めることが大切です。

キーワード

自立活動、養護・訓練、日常生活動作（ＡＤＬ）、個別の指導計画

復習問題

1．学習指導要領に自立活動の「内容」として示された６つの区分（要素）を挙げ、例
えば歩行指導において、この６つの要素がどのように関わっているかを説明しなさい。
2．視覚障害児の自立活動の具体的な内容を挙げなさい。

【文　　献】
1）　文部科学省（2018）特別支援学校学習指導要領解説　自立活動編. 開隆堂.

9

第 10 章
歩行指導

　歩行指導は、視覚障害児の教育、とりわけ自立活動の指導において重要な位置を占めます。それは、視覚に頼らずに環境を理解し、視覚以外の感覚から得た様々な情報を手がかりとして、行きたい場所へ安全に移動できるようになるためには、系統的な指導が不可欠だからです。本章では、特に盲児に対する歩行指導の目的と具体的な指導方法について解説し、併せて、弱視児や中途失明者に対する歩行指導の要点についても紹介します。

▶1. 歩行指導とは

⑴　歩行指導の目的

　視覚障害児に対する歩行指導の目的は、「一人で、安全に、能率よく、目的地に行って、そこに行った目的を達成する」ための能力を養うことです（文献 3）。ここでいう「目的地」とは、自分の教室からトイレや保健室へ行くこと、玄関から校門まで行くこと、校門のすぐ近くにあるコンビニへ買い物に行くこと、電車やバスに乗って家に帰ることなど、その子どもの発達段階や歩行技術によって人それぞれです。

　一人で好きなときに好きな場所へ行き、そこに行った目的を自分の力で達成できるということは、結果として心理的な安定やＱＯＬ（生活の質）の向上にもつながります。

⑵　"Orientation and Mobility" という用語の意味

　アメリカでは、視覚障害者に対する歩行指導のことを「オリエンテーション・アンド・モビリティ・トレーニング（orientation and mobility training）」と言います。"orientation" は「定位」と訳され、自分のいる位置や、自分と目的地との位置関係などを、他の事物との関連において認識することを意味します。一方 "mobility" は「移動」と訳され、身体を動かして移動することを意味します。

　つまり、視覚障害児に対する歩行指導には、自分と周囲の環境との関係性を理解する力を育てることと、スムーズに身体を動かして安全に目的地へ移動する力を育てることの両方が含まれます。

▶2. 幼少期の歩行指導

　白杖を使った歩行指導を始める前の準備段階として、幼少期には特に次のような内容を重点的に指導します。

(1) 歩行に必要な身体の動き

　視覚障害児、とりわけ盲児は、視覚による身体動作の模倣ができず、また、日常生活の中での歩行経験が少ないために、歩行に適した姿勢やスムーズな身体の動かし方などを自然に身につけることが困難な場合があります。そのため、望ましい姿勢を保ちながらリズミカルな動作で歩くことを、実際に身体を動かしながら丁寧に指導することが大切です。

　最初から一人で歩かせると、子どもは不安や恐怖を強く感じ、ぎこちない動きや姿勢が定着してしまう場合があります。また、1人で歩きたいというモチベーションが育たないこともあります。そこで、目の見える人と一緒に歩く「ガイド歩行」（詳細はコラム⑤参照）から始めて、保護者や教師と一緒にいろいろな場所を歩きながら、怖がらずに姿勢よく歩くこと、バランスを保ちながらリズムよく歩くこと、リラックスして楽しく歩くことなどを習慣化していきます。

(2) ボディ・イメージの形成

　自分の身体の位置（姿勢）や動きをイメージする力をボディ・イメージと言います。目の見える人は、視覚的な確かめによってこのボディ・イメージを形成し、姿勢や身体の動きを正しくコントロールすることができます。しかし視覚障害児の場合は、視覚による確かめの代わりに教師が言葉でフィードバックしたり、子どもの手足をとって動かしたりしながら、ボディ・イメージを育てていくことが必要です。正確なボディ・イメージは、歩行運動にふさわしい姿勢の獲得につながり、また、自分と周囲の環境との関係性を理解するための基礎的な力になります。

(3) 環境の理解

　ボディ・イメージを基礎にして自分と周囲の環境との位置関係を理解したり、空間の様子をイメージしたりする力も、意識的に育てていきます。

　例えば、ある教室の環境の理解を促す指導では、まず、自分が立つ場所と体の向きを固定して、どこに何があるかを言葉で説明できるようにします。次に、立つ位置や体の向きを変えたり、さらには教室の外に出たりして、ものの配置を前後・左右などの言葉とともに的確に説明できるようにします。

　教室に見立てた板の上に、机やロッカー、教卓などの模型、または、それらに見立てた積み木などを並べて、教室内の配置を表す教材も有効です。板（教室）の上で人形を動かしてみたり、板（教室）の向きを変えて机などを再配置したりしながら、環境を俯瞰的に認識できるように指導します。

(4) 感覚情報の意味づけ

　皮膚感覚や足底の感覚、聴覚、嗅覚などは、歩行の際の大切な手がかりとなります。こ

10

れらの感覚を上手に使って情報を入手する力、受け取った情報の意味を正しく理解して判断につなげる力などの基礎を指導します。例えば、バス停でバスを待っているとき、「今の音は車」「今度はバイク」「次はバスかな、惜しい、トラックだったね」などと言いながら車両の種類を当てるゲームをすることも、大切な学びの機会と言えます。

(5) 屋内歩行の指導

　前述した環境の理解と併せて、実際に一人で歩ける範囲を徐々に広げていきます。具体的には、壁や手すり、机などに軽く手をふれながら歩く「伝い歩き」、手を前に出して安全を確保する「防御姿勢」、伝い歩きができない場所の「横断」などの方法を指導します。

　なお、視覚障害児の積極的な一人歩きを促す指導においては、安全に、安心して移動できる環境を整えることも重要です。教室内の物の配置が変わったり、廊下に障害物が置かれたりなど、周囲の環境が度々変わってしまうと、子どもは自分の頭の中に描いた空間のイメージと実際の環境とのずれに戸惑い、不安を感じてしまいます。また、目が見えれば視覚的な手がかりから容易に特定できる場所も、目の見えない子どもたちにとっては、手がかりの乏しい、見つけにくい場所になっている可能性があります。

　図10−1は、ある視覚特別支援学校（盲学校）の小学部の教室表示の例です。プレートの右側に墨字と点字で教室名と教室番号が書かれているのに加えて、左側に触覚サインが添えられています。まだ文字が読めない子どもたちも、壁伝いに歩いてきてハサミのレリーフに触れれば、そこが図工室であることを直感的に理解し、自信をもってその教室に入ることができます。

図10−1　教室表示の例

　以上の指導内容は相互に関連しているため、個々の発達段階や苦手な領域を確認しながら、柔軟な指導計画を立てることが大切です。また指導場面も、自立活動の時間だけでなく、体育の時間をはじめ、学校生活の様々な場面に及びます。

　なお、幼少期の歩行の基礎指導には、保護者の協力が必要不可欠です。例えば、ガイド歩行で通園・通学をしたり散歩に出かけたりすれば歩行経験が増え、周囲の環境の理解に必要な様々なイメージや概念の獲得等に、大いに役立ちます。

▶3．白杖歩行の指導

　白杖を手の延長として正しく使いこなし、歩行に必要な情報を効率よく得ながら安全に歩けるようになるためには、白杖の操作法に関する十分な指導が必要です。最初は、学校の敷地内など安全な場所で、白杖の振り方、直進歩行、階段歩行、ガイドライン歩行（白杖を使った伝い歩き）などの基礎的な技術を学びます。そして、学習の範囲を学校の外へと広げ、様々な手がかりの見つけ方や環境把握の仕方を学習していきます。

⑴　白杖に関する法令

　道路交通法では、視覚障害者の杖の携帯または盲導犬の同伴義務が規定されています。また、同法の運転者の遵守事項にも、杖を持った視覚障害者に関する記載があります。

> 　目が見えない者（目が見えない者に準ずる者を含む。以下同じ。）は、道路を通行するときは、政令で定めるつえを携え、又は政令で定める盲導犬を連れていなければならない。
>
> 道路交通法第 2 章第 14 条
>
> 　車両等の運転者は、次に掲げる事項を守らなければならない。
> 　身体障害者用の車いすが通行しているとき、目が見えない者が第 14 条第 1 項の規定に基づく政令で定めるつえを携え、若しくは同項の規定に基づく政令で定める盲導犬を連れて通行しているとき、（略）一時停止し、又は徐行して、その通行又は歩行を妨げないようにすること。
>
> 道路交通法第 4 章第 71 条

⑵　白杖の役割

　白杖には、主に次の三つの役割があります。

①安全性の確保：障害物にぶつかったり階段につまずいたりする前に白杖でそれらを探知し、身体を保護して安全を守ることができる。

②情報の入手：白杖の先端で路面の変化やその他の手がかりに関する情報を入手することができる。

③視覚障害者としてのシンボル：ドライバーや歩行者に注意を促す。援助依頼時も有効である。弱視者も、この目的で白杖を携帯することが望ましい。

⑶　白杖のつくりと種類

　白杖は、グリップ、シャフト、石突（チップ）という三つの部分から成ります。一般に、

10

グリップ（手で握る部分）はゴム製、シャフト（白杖の本体）はグラスファイバーやアルミ合金製です。石突は路面や障害物などに直接ふれる先端部分で、摩耗してきたら取り替えて使います。

　白杖には、直杖<small>ちょくじょう</small>と折りたたみ式の2種類があります（図10－2）。直杖は、耐久性や情報の伝達性に優れています。一方折りたたみ式の白杖は、使わない時に小さく折りたたんで机の上に置いたり鞄に入れたりできるといった携帯性を備えています。通常、歩行指導では直杖を使用します。

　白杖の長さは、身長、歩行速度、歩幅などの条件によって変わります。特に子どもは身長の伸びが著しいため、適切なタイミングで交換することが必要です。

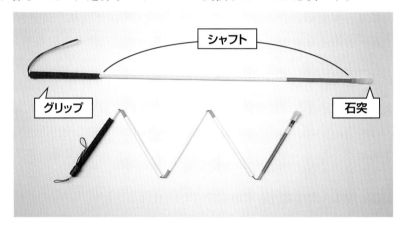

図10－2　白杖：上は直杖、下は折りたたみ式

⑷　白杖の基本操作

　白杖の振り方には、タッチテクニックとスライド法の2種類があります。タッチテクニックは、肩幅よりやや広い範囲で、手首を支点に左右均等に弧を描くように白杖を振り、石突で軽く地面を叩きながら歩く方法です。これに対してスライド法は、石突を常時地面にふれさせながら左右に振って歩く方法です。タッチテクニックでは飛び越えてしまう路面の情報を探知できるという利点があります。逆に、タイルの凹凸といった路面のごく小さな変化を探知してしまい、効率性が落ちるという欠点もあります。そのため、環境や状況に応じて、タッチテクニックとスライド法を使い分けて歩くことが重要です。

　なお、スライド法でもスムーズに白杖を動かせるように、車輪のように回転する石突も作られています。

▶4．手がかり（ランドマーク）の種類と活用

　同じ場所を歩くときに毎回利用する手がかりのことを、ランドマークと言います。歩行指導では、次に挙げる様々な手がかり（ランドマーク）の意味を理解し、それらを上手に見つけて利用できる力を育てていきます。

(1) 触覚的手がかり（ランドマーク）

　足底では、路面の材質・凹凸・傾斜、段差、溝蓋などを確認することができます。白杖から手に伝わる感覚では、電柱、看板、駐車、駐輪などを探知します。また、皮膚感覚を通して太陽の熱や風を感じれば、方位を知ったり、曲がり角を見つけたりする手がかりになります。

　視覚障害者誘導用ブロック（点字ブロック）も、大変重要な手がかりです。点字ブロックには2種類の形状があり、細長い突起を並べたものを「誘導ブロック」、丸い突起を並べたものを「警告ブロック」または「注意喚起ブロック」と言います。誘導ブロックは道路や屋内の通路上に敷設し、視覚障害者を誘導します。一方、警告ブロックは道の分岐点や階段が始まる場所、交差点、プラットホームの縁などに敷設し、何か変化があることを警告し、注意を喚起します。

　なお最近では、駅のホームからの転落事故を防ぐために、警告ブロックの内側に誘導ブロックの突起1列を組み合わせたプラットホーム専用の点字ブロック（ホーム縁端<ruby>縁端<rt>えんたん</rt></ruby>警告ブロック）の敷設も進んでいます。

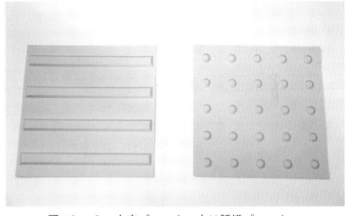

図10−3　点字ブロック：左は誘導ブロック、右は警告ブロック（注意喚起ブロック）

　塀、縁石、誘導ブロック、地面の材質の境界線など、連続して入手できる手がかりがある場合には、それらを白杖で確認しながら歩く「ガイドライン歩行」が利用できます。ただし、縁石が切れた所で駐車場や広場に入り込んでしまったり、道がカーブしていることに気づかず頭の中の地図イメージがずれてしまったりなど、注意が必要なこともあります。

10

(2) 聴覚的手がかり（ランドマーク）

　聴覚的な手がかりの例としては、自動車・自転車・電車などの走行音、歩行者の足音、視覚障害者用音響信号、自動ドアの開閉音などがあります。指導内容としては、
①音とその意味をマッチングして、手がかりになる音、危険な音などを理解すること
②音の強さ、はね返り、左右の聴覚のバランスなどを頼りにして、音の位置、音と自分との距離などを理解すること
③必要な音だけを拾い出して聞くこと
などがあります。

　自ら音を作り出してそれを手がかりにすることもできます。例えば、白杖で地面や壁を

叩き、その音質や反響音を聞いて、周囲の状況を理解します。

　なお、普段ランドマークにしている聴覚的手がかりが、別の音（例えば道路工事の騒音）にかき消されて聞き分けられない場合があるため、一つの手がかりだけに頼らない工夫も大切です。

(3)　嗅覚的手がかり（ランドマーク）

　嗅覚的な手がかりの例としては、花屋や飲食店の匂いなどがあります。ただし、店が閉まっていたり、風向きで匂いの流れが変わったりするなど、普遍的に存在する手がかりではないことに注意が必要です。

(4)　障害物知覚

　視覚障害者が、直接触れていない物体の存在に気づき、その物体と自分との距離を推し量りながら歩くことができる能力を障害物知覚と言います。これには聴覚的情報（反響音）が関与しているため、エコー知覚とも呼ばれます。

　障害物知覚は、障害物の回避だけでなく、壁に手や白杖を触れず、一定の距離を保ちながら真っ直ぐ歩いたり、曲がり角を見つけたりすることにも役立ちます。

　ただし、この障害物知覚を活用しにくい場面もあります。例えば、天井の高いホールや吹き抜けのロビーなどは、反響音が大きすぎて空間の様子を判断しにくい場所です。また、雪が積もると音が雪に吸収され、手がかりとなるはずの反響音が聞こえなくなってしまいます。

▶5.　メンタルマップの形成

　頭の中に描く地図イメージをメンタルマップと言います。視覚障害児の歩行においては、白杖操作の技術やランドマークの活用だけでなく、このメンタルマップを思い描くことを促す指導も大切です。

(1)　ルートマップとサーベイマップ

　ルートマップとは、出発地から目的地までの手がかりを時系列的につなぎ合わせた一本道の地図イメージです。この場合、歩行ルート上にあるランドマークは慎重に覚えていますが、ルートの修正・変更が困難です。

　一方サーベイマップとは、おおよその距離や方向を理解し、実際の歩行ルートだけでなく、他の道や建物なども含めた全体の位置関係を思い描いた地図イメージです。

　視覚障害児の場合、ルートマップの方が容易にイメージできますが、日頃からサーベイマップに移行するための手がかりを与えることが大切です。サーベイマップをイメージできるようにするための条件としては、①回転と方位の理解ができていること、②距離感の

理解ができていること、③歩行ルートだけでなく、周辺の主要なポイントの位置関係の理解ができていることなどがあります。

(2) 模型や地図の活用

　空間を把握し、メンタルマップ、特にサーベイマップをイメージできる力を育てるための教材としては、立体模型や触地図が有効です。

　歩行の初期指導では、例えば自分の教室を起点としてトイレや保健室までの行き方を練習した後に、ブロックを使ってそれぞれの位置関係を確認します。自分の教室の真上には何があるか、窓の下はどうなっているかなど、視覚的な確かめができないためになかなか理解しにくい空間のイメージも、立体模型を使って確認しながら、少しずつ補っていきます。

　駅の構内図や道路地図からは、歩いただけではわからない距離感や道の湾曲、道路の幅の違いなど、様々な情報を得ることができます。ただし、触地図教材を作る際には、情報の精選や単純化といった工夫が不可欠です。

▶6．自立への態度と習慣を養う指導

(1) 援助依頼の意義と指導

　視覚障害者の単独歩行は、歩行の途中で環境把握が困難になった場所や未知の場所で、必要に応じて周囲の人の助けを借りることを含みます。そのため、特に白杖の基礎指導を終えて校外での応用的な指導を行う場面では、援助依頼に関する指導も行います。

　具体的には、声をかける適切なタイミング、依頼内容の伝え方、お礼の挨拶、誤ったガイド歩行をされた場合の対応などを指導します。

(2) 歩行の自主性と計画性

　視覚障害者の場合、地図や標識などを見ながら歩くことが難しいため、特に不慣れな場所へ出かけるときには、あらかじめ下調べをしておくことが有効です。

　目的地の駅にはいくつの改札口があるのか、バスターミナルでは何番乗り場へ行けばよいかなど、出かける前に調べておくと便利な情報があることを指導し、自主性と計画性を育てます。

(3) 歩行のマナー

　白杖の使い方を誤ると、人に怪我をさせてしまう危険性があります。また、一般的な交通ルールやマナーを守り、人に迷惑をかけずに歩行する態度と習慣の育成も重要です。

　例えば混雑した場所では、他の人が白杖につまづかないように白杖を短めに持ち、人の流れに沿ってゆっくり歩くことが必要です。また、傘の開閉時には周囲に気を配ることな

10

ども指導します。

▶7．弱視児に対する歩行指導

比較的低視力の人や視野の狭い人、また夜間に視力が低下する人など、弱視児に対しても必要に応じて歩行指導を行うことがあります。

指導内容としては、①安全確保のために自分の見え方を正しく把握させること、②遠用弱視レンズで各種の表示を見る方法を教えること、③視覚以外の感覚も活用して安全を確保させること（信号のない道路を横断するとき、左右を見るだけでなく、車の音をよく聞いて判断する）、④白杖の役割を教え、携帯を促すこと、などがあります。

▶8．中途失明者に対する歩行指導の留意点

生まれつきの視覚障害児に対する歩行の初期指導では、ボディ・イメージや環境の理解といった内容を重視しますが、中途失明者の場合は、失明する前の視覚表象（視覚的な記憶）があるため、歩行に役立つイメージや概念の形成といった指導はあまり必要ではありません。むしろ、それまでは視覚に頼っていた情報を、いかに視覚以外の感覚を通して効率的に入手し、活用して、安全に歩くかが課題となります。

白杖の操作技術はある程度の指導を受ければ習得できますが、それまでほとんど意識してこなかった触覚や聴覚を使って情報を入手し、歩行に活用することは非常に難しいことです。また、白杖を持つことや、視覚以外の感覚に頼ることへの心理的な抵抗感を持っている場合もありますので、配慮が必要です。

キーワード

ボディ・イメージ、白杖、ランドマーク、メンタルマップ、援助依頼

復習問題

1．幼少期の歩行指導で大切にすべき事項とその理由について、指導方法の例を挙げながら述べなさい。
2．白杖の種類とそれぞれの特徴について説明しなさい。

【文　献】
1）　文部省（1985）歩行指導の手引．慶應義塾大学出版会．
2）　芝田裕一（2010）視覚障害児・者の歩行指導．北大路書房．
3）　東京都盲学校自立活動教育研究会編（2006）私たちの考える歩行指導Q＆A．読書工房．
4）　全国盲学校長会編著（2016）見えない・見えにくい子供のための歩行指導Q＆A．ジアース教育新社．

コラム⑤　　視覚障害者の歩行の手助け

　視覚障害のある人は、基礎的な歩行技術を習得し、行きたい場所までの地図情報が頭に入っていれば、白杖を携帯し、あるいは盲導犬を連れて、一人で歩行することができます。しかし、周囲の人たちの手助けも大変重要であるため、以下に、その方法について紹介します。

◇困っている様子を見かけたら

　視覚障害のある人にとって、人と会話をすること自体には何の不自由もありません。しかし、周囲の状況を把握することが難しいため、会話のきっかけをつかめない場合がよくあります。道を尋ねたい、電車やバスの中で空席を探したいと思っても、誰にどのタイミングで話しかければよいかがわかりません。そこで、「困っているかもしれない」と思ったら、周りにいる人の方から、「何かお手伝いしましょうか？」「どちらに行かれますか？」というふうに積極的に声をかける配慮が有効です。

◇ガイド歩行の基本

　右の図のような方法で誘導します。

　視覚障害のある人に、誘導者の肘関節の少し上を軽くつかんでもらって歩きます。介助者のほうが背が低い場合は肩に手を置いてもらい、逆に背が高い場合は手首をつかんでもらうこともあります。

　介助者は、肩や肘の力を抜き、腕は自然に下へ伸ばして歩きます。このような姿勢をとることで、視覚障害のある人は介助者の身体の動きを手で感じて、歩く方向や段差などを確認することができ、また、介助者の半歩後ろにいることで安心して歩くことができます。

　誘導者が視覚障害者の肩や背中を後ろから押したり、前から腕や白杖を引っ張ったりすることは、視覚障害のある人にとってとても不安であり、不適切な誘導方法です。

　視覚障害のある人が扉や看板などにぶつからないようにするために、介助者は2人分の道幅に注意が必要です。道幅が狭い場所では、介助者が相手のつかんでいる腕を背後へ回し、「狭くなります」などと声をかけ、前後1列になって歩きます。

ガイド歩行の基本姿勢
出典：鳥山由子編著
『視覚障害指導法の理論と実際』．ジアース教育新社，2007，p146.

　階段の手前では、速度を緩めて（または立ち止まって）「上り（下り）階段です」と伝えます。なお、階段を斜めに横切るような歩き方では、視覚障害のある人が足を踏みはずしてしまう危険性があるため、階段には正面からまっすぐに近づくことが重要です。

◇盲導犬に関するマナー

　現在日本国内では、約1,000頭の盲導犬が活動しています。盲導犬が仕事に集中できる環境作りのために、周囲の人たちに求められるマナーとしては、①盲導犬に触ってはいけない、②盲導犬に食べ物をあげてはいけない、③盲導犬の注意をひいてはいけない、などがあります。

　なお、盲導犬の役目は、障害物を避け、安全に気をつけながら視覚障害者を誘導することであって、次に進む道を指示したり、信号を渡るタイミングを判断したりしているのは視覚障害者本人です。そのため、「困っている様子をみかけたら声をかける」という配慮は、白杖を使って歩いている人と同様に必要な手助けです。

第11章
キャリア教育・進路指導

　キャリア教育・進路指導は、児童生徒一人一人が社会との相互関係を保ち、就労を含めた自分らしい生き方を展望し、実現していくために必要な意欲・態度、能力を育てることを目的として、小学校段階から学校の教育活動を通じて計画的、組織的に行うものとされています。第1節では、視覚特別支援学校（盲学校）の小・中学部と高等部に分けて、キャリア教育・進路指導の在り方を、特別支援学校学習指導要領に即して解説し、卒業生の近年の進路の現状について統計資料をもとに概観します。第2節では、日本における視覚障害者の代表的な職業である三療について、視覚特別支援学校（盲学校）の職業課程としての位置づけを、歴史的背景とともに解説します。第3節では、大学進学の実態と課題について説明します。

▶1．視覚特別支援学校（盲学校）におけるキャリア教育・進路指導

⑴　小学部、中学部におけるキャリア教育・進路指導

　平成29年4月に告示された特別支援学校小学部・中学部学習指導要領において、キャリア教育・進路指導は次のように示されています。

⑶　児童又は生徒が、学ぶことと自己の将来とのつながりを見通しながら、社会的・職業的自立に向けて必要な基盤となる資質・能力を身に付けていくことができるよう、特別活動を要としつつ各教科等の特質に応じて、キャリア教育の充実を図ること。その中で、中学部においては、生徒が自らの生き方を考え主体的に進路を選択することができるよう、学校の教育活動全体を通じ、組織的かつ計画的な進路指導を行うこと。

特別支援学校小学部・中学部学習指導要領第1章第5節1の⑶

　この中で大切なことは2点あります。まず、キャリア教育の目的ですが、「社会的・職業的自立」とあるように、決して職業のことだけを指しているのではなく、より広義の自立を目指したものである点です。もう一つは、それを可能にするために育成すべき力についても、同様に広く自立を志向している点です。キャリア教育は単に特定の職業に必要となる知識やスキルを身に付けることを目的としているのではなく、「基盤となる能力や態度」、つまり、社会の中で自分の能力を発揮し、地域社会の一員として活躍できるための土台となる能力や意欲的な態度の育成を目標としています。したがって、小学部から高等

部まで各学校段階を通じ、職場体験や活動のみならず、教育活動全体を通じて体系的・系統的に指導をしていくことが求められます。

　まず小学部段階では、教科の指導や自立活動の指導を通して、身辺自立スキル、手指の巧緻性、歩行に欠かせない空間認知等の基盤をしっかりと身につけておくことが大切です。また、これらの力は学校だけでなく、家庭におけるお手伝いなど身近な活動を通して育成することが必要です。したがって、定期的に個別面談や家庭訪問、学級懇談会等を実施して、児童生徒の現在の姿と今後の目指すべき方向について、保護者と考え方を共有することが大切です。

　中学部では一人一人の障害の状態、能力、適性に応じた教育を段階的に推進し、成長するにつれ、生徒が主体的な人生設計をもとに進路を選べるよう、その基盤となる、自発的・積極的、意欲的態度の育成が欠かせません。多くの情報が視覚によるものであることから、視覚の障害によって、子どもが外界への関心を持たなくなることや、消極的な生活観や態度になりがちであることが指摘されています。したがって、教師には、生徒の興味関心が広がるような環境整備や指導上の工夫が求められます。

　また、他人の身だしなみや動作を見ることができない視覚障害児には、身だしなみや話し方など基本的な社会生活能力が不足していることも少なくありません。中学部では、基礎的な学力を身に付けることが大事であるのは言うまでもありませんが、周囲を意識したコミュニケーション方法（マナー、教養を含む）や、挨拶など社会の一員としての在り方（協調性）についても丁寧に指導することが大切です。少子化等の影響から同年齢集団の確保が難しくなっている視覚特別支援学校（盲学校）においては、他人とのコミュニケーションの機会が限られますので、相手に応じた態度や言葉遣い、相手を気遣いつつ自分の意見を表明する方法などを、機会をとらえて意識的に指導することが特に重要です。

　なお、視覚以外の障害を併せ有する重複障害児の進路については、特に一人一人の障害の状態、能力、適性と、本人および保護者の希望等も踏まえ、相談しながらその子どもにあった進路を決めていく必要があります。

(2)　中学部卒業後の進路

　視覚特別支援学校（盲学校）の中学部を卒業したほとんど全ての生徒が進学しています。その約９割が視覚特別支援学校（盲学校）高等部への進学です。その他の進学先としては、知的障害者・肢体不自由者等を対象とした特別支援学校（以下、盲学校以外の特別支援学校）の高等部や、高等学校があります。盲学校以外の特別支援学校高等部に進学する生徒は基本的に他の障害を併せ有する重複障害生徒で、視覚特別支援学校（盲学校）が遠方にあるため卒業を機に自宅近くにある特別支援学校を選択するケースや、近年在籍児童生徒が減少傾向にある視覚特別支援学校（盲学校）では得られない集団生活やその他多彩な取り組みを求めて他の学校を選択するケースが含まれます。

11

⑶　高等部におけるキャリア教育・進路指導

　キャリア教育について特別支援学校高等部学習指導要領（平成31年文部科学省告示）には以下の内容が記載されています。

> 　学校においては、キャリア教育及び職業教育を推進するために、生徒の障害の状態や特性及び心身の発達の段階等、学校や地域の実態等を考慮し、地域及び産業界や労働等の業務を行う関係機関との連携を図り、産業現場等における長期間の実習を取り入れるなどの就業体験活動の機会を積極的に設けるとともに、地域や産業界や労働等の業務を行う関係機関の人々の協力を積極的に得るよう配慮するものとする。
>
> 　生徒が、学ぶことと自己の将来とのつながりを見通しながら、社会的・職業的自立に向けて必要な基盤となる資質・能力を身に付けていくことができるよう、特別活動を要としつつ各教科・科目等又は各教科等の特質に応じて、キャリア教育の充実を図ること。その中で、生徒が自己の在り方生き方を考え主体的に進路を選択することができるよう、学校の教育活動全体を通じ、組織的かつ計画的な進路指導を行うこと。その際、家庭及び地域や福祉、労働等の業務を行う関係機関との連携を十分に図ること。
>
> 　　　　特別支援学校高等部学習指導要領第1章第2節第2款の3（6）及び第5款の1（3）

　高等部では、就業も含めた自分の将来像を明確に描くことができるよう指導・支援することが重要となります。そのためには、まず生徒自身が、自分の長所や短所に加え、障害の特徴（見え方）や必要となる具体的な支援内容について正しく理解できていることが不可欠です。これは将来、どの道に進んだとしても大切なことですが、とりわけ一般就労や大学進学を志す生徒には欠かせないことです。

　また、特に一般企業への就職を目指す場合は、パソコン、画面読み上げソフトや画面表示拡大ソフト、点字ディスプレイなどの支援機器に関する知識と技術を身につけておくことが必要です。職場ではあらゆる情報が回覧文書などで伝達されることが多く、視覚障害に起因する情報障害を、いかに支援機器等で補っていくかがカギとなります。これらの支援機器を活用すれば、視覚障害者でも仕事上の情報伝達・交換を十分行うことができます。

　視覚障害者の就労先・進学先の選択肢は、晴眼者と比べるとまだまだ少ないのが現状ですが、教師は生徒に対し、どのような選択肢があるのかについて適切な知識を与えるとともに、生徒自身がいくつかの選択肢の中から主体的に決めていくプロセスを設けることが重要です。これは、現在多くの視覚障害者の社会自立を支えている三療業を目指す場合でも同じです。選択する余地の全くない中で、生活のためだけに半強制的に三療業に従事する場合と、あらゆる選択肢の中から三療業に就いた場合とでは仕事に対する意欲が大きく異なり、前者には仕事に対する意欲喪失が顕著に見られるのに対して、主体的に進路を決めた人は、仕事に対する意欲が高く、離職率も低いのです。

具体的に進路指導を進めるに当たっては、学習指導要領にあるように、生徒が実際に職場や施設の見学をしたり、現場実習を行ったり、また視覚障害がありながらその道に進んだ先輩の話を聞く機会などを作ることが大切です。大学進学を希望する生徒にはオープンキャンパスなどにも積極的に参加させて、大学生活のイメージを持たせるようにします。また保護者をはじめ、各機関（公共の職業安定所や福祉事務所などを含む）と連携しながら、生徒の希望に添った進路開拓を具体的に進めていくことも重要となります。特に視覚特別支援学校（盲学校）が県内に1校しかない場合、生徒の出身地域は県全体に広がり、地域の状況を学校が十分に把握できないことがあるため、生徒の出身地域の関連機関と連携をとりながら、進路指導を進めることが必要になります。

　円滑な連携を図る際に重要な役割を果たすのが個別の移行支援計画です。個別の移行支援計画とは、障害児者が就学前から卒業後まで一貫した支援を受けることができるための計画である「個別の支援計画」のうち、特別支援学校高等部在学時から卒業後数年程度の間の、就労に向けての支援計画のことを指します。担任が中心となって作成するものであり、作成の際には本人や保護者の希望、その他福祉、医療、労働などの関係者・機関と情報交換を行います。また、担任が一人で作成するのではなく、複数の教員と相談しながら作成することも必要です。

　なお、重複障害児の場合には、上記のことを個々に合わせた形でさらに丁寧に行っていくことが重要となります。また、盲学校以外の特別支援学校や地域の親の会などの関係機関と連携をとり、進路先についての情報を収集することも大切です。

⑷　高等部卒業後の進路

　視覚特別支援学校（盲学校）の高等部には、「本科」と「専攻科」があります。本科は中学校または特別支援学校の中学部の卒業が入学条件であり、中学部を卒業した生徒の大半が進学しています。一方で専攻科は、高等学校または特別支援学校の高等部を卒業した

表 11 - 1　高等部本科普通科卒業生の進路（平成 29 年度）

	人数（人）	割合（％）
進学	85	43
自校の専攻科などの上級課程	（40）	
大学、短大、専修学校、自校にない他学科	（44）	
その他	（1）	
就職	15	8
就労移行・継続支援等の訓練施設（授産施設・作業所等）	37	19
自立訓練（機能・生活訓練）等の施設	51	26
在宅・病気療養等	3	2
その他	5	2
合計	196	100

出典：全国盲学校長会『視覚障害教育の現状と課題−平成 30 年度年報−』より作成

11

人が入学する継続教育機関にあたります。2019（令和元）年度現在、本科では678人、専攻科では694人が学んでいます。専攻科で学ぶ人の中には、成人になってから視覚障害者となった人（中途視覚障害者）も含まれています。中途視覚障害者の職場復帰・職業復帰を支援する職業リハビリテーションセンターがない県も多いため、視覚特別支援学校（盲学校）がその役割を果たしているからです。

中学部を卒業した生徒の大半が進む高等部本科普通科の卒業後の進路を詳しく見てみましょう。表11－1には2017（平成29）年度の本科普通科卒業生の進路状況を示しています。まず多いのが進学で、本科を卒業した約4割（85人）が該当します。進学先として多いのは、あん摩マッサージ指圧、鍼、灸等の専門的知識を学ぶための専門課程である専攻科と大学（視覚障害者のための大学である筑波技術大学を含む）や専門学校等です。障害者福祉施設への入所・通所者は全体の約3割を占めています。該当者の中には視覚障害とその他の障害を併せ有する重複障害生徒が含まれます。「在宅・病気療養等」に該当する生徒の中には、受け入れ施設等が見つからないため、やむを得ず在宅となっている生徒のほかに、大学受験を目指す浪人生も含まれています。また、民間企業等に就職した者は本科普通科卒業生の8％でした。

▶2. 視覚障害者の伝統的な職業としての三療

⑴　三療と主な養成課程・養成機関

あん摩マッサージ指圧、鍼、灸を「三療」と言います。厚生労働省が行った2006（平成18）年身体障害児・者実態調査結果によると、18歳以上の就労している視覚障害者8万1千人のうち、三療業に従事する者は2万4千人で、全体の約3割を占めています。これほど視覚障害者に定着した職業は、世界的に見ても例がありません。

現在、あん摩マッサージ指圧師、はり師、きゅう師になるためには、いずれも法律で定められた教育を受け、「あん摩マッサージ指圧師免許」、「はり師免許」、「きゅう師免許」の3種の試験に合格し、免許証を得る必要があります。厚生労働省による認可を受けた主な養成課程・養成機関としては、視覚特別支援学校（盲学校）高等部、筑波技術大学、国立リハビリテーションセンター、その他専門学校等があります。視覚特別支援学校（盲学校）高等部の職業課程については後ほど詳しく説明します。

表11－2は、2018（平成30）年度に国内の主な養成課程・養成機関で三療を学んだ視覚障害者の進路状況をまとめたものです。開業または医療機関等に就職する人が最も多く、全体の約6割（142人）を占めています。このうち45人が従事しているヘルスキーパーとは、企業等に雇用され、従業員等の健康管理の一環としてマッサージ等の理療の施術、セルフケア指導等を行う人のことで、障害者の雇用の促進等に関する法律（障害者雇用促進法）や企業内の健康管理の重視に後押しされて生まれた職種です。また、全体の約1割（22人）が進学しており、その多くは、視覚特別支援学校（盲学校）の他課程や、筑波大学理

療科教員養成施設に進んでいます。筑波大学理療科教員養成施設は、視覚特別支援学校（盲学校）で理療科を担当する教員を養成する教育機関であり、修了すると視覚特別支援学校（盲学校）理療科の教員免許状が取得できます。

(2) 視覚特別支援学校（盲学校）の職業課程における三療の位置づけ

　視覚特別支援学校（盲学校）の高等部専攻科には、理療科をはじめ、保健理療科、理学療法科、音楽科、情報処理科等の職業学科があります。その中でも多くの視覚特別支援学校（盲学校）が有する学科が、保健理療科と理療科です。保健理療科ではあん摩マッサージ指圧師を養成する職業教育を中心に行い、卒業時にはあん摩マッサージ指圧師国家試験受験資格が取得できます。一方、理療科ではあん摩マッサージ指圧師に加え、はり師、きゅう師を養成しており、卒業時には三つの国家試験受験資格、すなわち、あん摩マッサージ指圧師国家試験受験資格、はり師国家試験受験資格、きゅう師国家試験受験資格を取得す

表11－2　視覚特別支援学校（盲学校）専攻科・大学・その他養成機関で三療を学んだ視覚障害者の進路（平成30年度）

	専攻科理療系[*]	専攻科保健理療系[**]	小計	
	人数（人）	人数（人）	人数（人）	割合（%）
開業	7	3	10	4
就職	95	37	132	55
医療機関（病院、医院、診療所）	(9)	(2)	(11)	
施術所	(16)	(7)	(23)	
訪問リハビリ	(15)	(11)	(26)	
民間企業（ヘルスキーパー）	(39)	(6)	(45)	
老人福祉施設	(16)	(11)	(27)	
その他	(0)	(0)	(0)	
進学	15	7	22	9
大学・短大	(5)	(0)	(5)	
専門学校	(0)	(1)	(1)	
教員養成施設	(5)	(0)	(5)	
視覚特別支援学校他課程（理療科、研修科）	(5)	(6)	(11)	
その他	60	18	78	32
就職活動中（理療関連）	(26)	(7)	(33)	
一般就労	(10)	(1)	(11)	
国家試験受験準備	(9)	(4)	(13)	
開業準備	(5)	(1)	(6)	
病気療養	(0)	(1)	(1)	
その他	(10)	(4)	(14)	
合計	177	65	242	100

　＊高等学校または特別支援学校高等部の卒業資格を有する者が、あん摩マッサージ指圧師、はり師、きゅう師国家試験の受験資格の修得を目指す課程
＊＊高等学校または特別支援学校高等部の卒業資格を有する者が、あん摩マッサージ指圧師国家試験の受験資格の修得を目指す課程

出典：日本理療科教員連盟組織部『平成30年度卒業生実態調査』より作成

11

ることができます。いずれも高等学校または特別支援学校の高等部を卒業した者（または卒業見込みの者）であることが入学条件となっています。

　なお、1972（昭和47）年度までは、盲学校の中学部を卒業するとすぐに、高等部本科理療科に進学して職業教育を始めるのが一般的でした。しかし、1972（昭和47）年に、「盲学校・聾学校及び養護学校の教育課程の改善について［高等部］（答申）」が出されたことにより、高等部本科では普通教育を行うことが原則となり、全国の盲学校の高等部本科に普通科が設置されました。また、職業教育は、本科卒業後に、高等部専攻科で行うことになりました。この改定は、1973（昭和48）年から実施されたため、盲学校では「四八改定（よんぱち）」と呼ばれるほど、画期的な改革でした。

（3）　三療の歴史的背景

　鍼灸は6世紀に中国より日本に伝わり、それから約1千年後、17世紀後半になり、ようやく視覚障害者の職業として定着します。その過程を語る上で欠くことのできない人物の一人が杉山和一検校（すぎやまわいちけんぎょう）（1610 - 1694）です。杉山和一は、17世紀中ごろ江戸で鍼術を生業としていた盲人、山瀬琢一（やませたくいち）からその技術を学ぶため、門に入ります。しかし、杉山和一は、山瀬琢一の鍼術、すなわち、鍼先をねじりながら皮膚に刺入する「撚鍼法（ねんしんほう）」がうまく身に付かなかったと言われています。その結果、杉山和一は将来の見込みがないと山瀬琢一に追い出されてしまいます。

　杉山和一はそれでも鍼の道をあきらめることはなく、京都の入江豊明（いりえとよあき）のもと撚鍼法を再び学ぶことを決意します。その間、鍼の頭を小づちで打って皮膚に刺入する「打鍼法（だしんほう）」に関する知識も得たといわれています。杉山和一はこの二つの技法をもとに、「管鍼法（かんしんほう）」という、細い鍼を管に通して、鍼の頭を指で打って皮膚に刺入する独自の技法を編み出し、確立させます。鍼は鍼管の中に入っているので、両手を使ってツボを探し、鍼管を支えている側の手で固定しながら刺入できるため、視覚障害者でも簡単に扱うことができます。その上、鍼が細いこと、そして鍼管が肌を刺激すること等から、刺入の際の痛みも和らげると言われています。この技法は、現在では晴眼者の間でも幅広く使われています。なおこの技法を、杉山和一は石につまずき倒れた時に手にひろった松葉の入った管から思いついたと伝えられています。

　杉山和一が考案した管鍼法が瞬く間に広がる契機となったのは、和一が五代将軍徳川綱吉公の病気を治療し、その功賞として、それまで和一の私塾だったものを、幕府の許可を得て鍼治講習所として開くことを許可されたためと言われています。1682年の出来事でした。その後、鍼治講習所は全国に45カ所作られ、これ以後、鍼按業は盲人の一職業として定着していきます。これは早くから盲人教育が始まったヨーロッパに先立つものであったと言われています。このような先人の業績が、現在の視覚特別支援学校（盲学校）の理療教育の原形になっています。三療は、日本の盲人の手によって築き上げられてきた

伝統的職業であると言えます。

　ところで、三療は現在に至るまでに三つの危機に直面してきたと言われています。一つは明治維新に伴う漢方医学の抑制です。当時の明治政府は、富国強兵、産業振興のため西洋文化を積極的に取り入れていました。漢方の1分科であった鍼灸は、その流れの中で抑制され、全国の鍼治講習所は廃止されます。さらに、鍼灸を、西洋医学を身に付けた医師の指示の下でのみ施術可能とする医制も発布されますが、盲人らによる漢方の復興運動等により施行には至りませんでした。

　二つめの危機は第2次世界大戦後起こった鍼灸存廃問題です。戦後サンフランシスコ講和会議において平和条約が結ばれるまでの6年間、連合軍の占領下にあった日本では、連合軍によって民主化への改革が着々と進められていました。そのような情勢下で、総司令部は日本政府に対し、あん摩・鍼・灸等は全面的に禁止することが望ましいという意見を出したのです。1947（昭和22）年9月の出来事でした。これを受けて厚生省の諮問機関であった医療制度審議会は、あん摩、鍼灸等は医師の監視下で医療の補助手段としての存続を許可するが疾病治療は行ってはならないこと、そして医療の補助手段としても盲人が行うことは不適当であるという結論をまとめました。これが実行されれば、多くの盲人が職を失うことになります。これは、まさに盲人の死活問題に直結するものでした。そこで、全国の盲学校長、理療科教員及び関係者が一致団結し、およそ3カ月にわたって鍼灸存続に関する請願、陳情が繰り返されました。視覚障害当事者を中心として、視覚障害者の教育や福祉に関わる全ての関係者が、同じ目的のためにこれほど団結を強くしたことは過去になかったとも言われています。この運動は功を奏し、ようやく総司令部の理解を得ることに成功しました。

　三つ目の危機は晴眼者の三療進出の問題であり、現在も続いています。1990年代以降の健康ブームによる東洋医学に対する関心の高まりから、三療業を希望する晴眼者が増えてきています。三療に従事する視覚障害者の割合は、晴眼者の増加に押され、1990年代以降急激に減少傾向にあり、2004（平成16）年の調査では、あん摩マッサージ指圧師の26.3％、はり師の19.8％、そしてきゅう師の19.3％が視覚障害者であり、その他は晴眼者でした。また、視覚障害者が資格を持って病院や医療施設、もしくはヘルスキーパーとして企業に就職しようとしても、経験者でなければ採用されなかったり、臨時的雇用であったり、企業の事業成績が悪化するとリストラに遭うなど、多くの問題があります。

　一方で、現在課題となっているのが視覚障害者の国家試験合格率の低さです。三療に従事する視覚障害者の育成は徒弟修業を中心に発展してきましたが、1948（昭和23）年の「あん摩・はり・きゅう・柔道整復等営業法」制定により、徒弟修業は廃止され、代わりに文部大臣の認定した学校または厚生大臣が認定した養成施設を卒業した上で、都道府県知事の行う試験に合格することが必要になりました。各都道府県の試験では、実技と筆記試験の両者の点数によって合否が判定されていましたが、1988（昭和63）年の「あん摩マッサー

11

ジ指圧師、はり師、きゅう師に関する法律」改正（あはき法改正）によって、都道府県知事によって行われていた資格試験は、国家試験となりました。国家試験になったことは、三療の社会的地位の向上に貢献しましたが、一方で、国家試験には実技試験がないため、多くの視覚障害者が得意とする実技が評価されません。また、限られた時間で多くの問題に解答する筆記試験の形態も、視覚障害者には実力が発揮しにくい側面があると言われています。

▶3．視覚障害者の大学進学

⑴　視覚障害者の大学進学の歴史

　視覚障害者の大学進学例は戦前にまでさかのぼることができますが、それは例外的であり、状況が一変するのは第二次世界大戦後、1950（昭和25）年に米国総司令部の指導を受けて、当時の大学入学試験の一つであった進学適性検査の点字受験が認められてからです。これを契機に、文部省も視覚障害者の点字入試に積極的に動き始めました。しかし、当時の盲学校の高等部本科は理療科が中心であったため、大学進学を目指す生徒は、理療の勉強をしながら普通科目の受験勉強をしなければならず、1965（昭和40）年頃までは、毎年の大学進学者は1桁にとどまっていました。しかし、そのような困難な状況下にあっても、視覚障害者の当事者団体や全国盲学校長会などによる大学進学を推進する動きが広がり、大学進学者は次第に増えて、1971（昭和46）年以後は毎年20人以上の進学者が続くようになりました。1972（昭和47）年の「盲学校・聾学校及び養護学校の教育課程の改善について［高等部］（答申）」により、全国の盲学校に本科普通科が設置されたことも、大学進学者が増加した理由のひとつと考えられます。

　また、1979（昭和54）年度入試から実施された国公立大学共通第一次学力試験において、点字受験が認められ、さらに1.5倍の時間延長が認められたことも、大学進学を推進する大きな力となりました。ただし、共通一次試験に出願するためには、二次試験受験校との事前協議を一次試験前に実施しなければならないという条件があり、また、弱視者に対する問題の拡大や時間延長は認められないなど、現在の基準から見ると問題が残されていました。しかし、全国共通一次試験で点字受検が認められたことは、私立大学にも影響を与え、点字受験を認める大学の増加につながりました。また、毎年、共通一次試験の実施後に、全国高等学校長協会の代表（中心は盲学校の代表）と大学入試センターとの懇談会が開かれることになり、点字試験問題の改善や弱視者の受験について協議が続けられました。その結果、1984（昭和59）年度の共通一次試験より問題冊子の拡大版が用意され、1987（昭和62）年度共通一次試験からは、強度の弱視者に対して1.3倍の時間延長が認められるようになりました。1990（平成2）年度入試から、共通一次試験は大学入試センター試験となり、これを契機に懸案事項であった「共通一次試験出願前の、二次試験受験校との事前協議」は不要となりました。

点字による大学入試受験者の増大に対応するため、1990（平成2）年10月、入学試験点訳業務を遂行する専門機関として「全国高等学校長協会入試点訳事業部」が発足し、視覚障害者の入学試験体制が大きく改善されました。21世紀に入ると、2001年に世界保健機関（WHO）総会で決められた国際生活機能分類（ICF）をはじめとして、国内外において、「障害者の完全参加と平等」「共生社会」へと大きな動きが起こりました。また、2004（平成16）年に発足した独立行政法人日本学生支援機構が、高等教育における障害のある学生の支援に関する業務を開始し、障害学生の在籍や支援の状況について、全国の大学、短期大学、高等専門学校を対象に、毎年、悉皆調査を行うようになったことも、障害学生受け入れの気運を後押ししていると言えます。

　また、2016（平成28）年4月に施行された「障害を理由とする差別の解消の推進に関する法律（障害者差別解消法）」において、障害者への不当な差別的取扱いの禁止や合理的配慮の提供が義務ないし努力義務とされたことを受けて、大学等では、障害のある学生の在籍者数が一層増加し、これまで以上に、障害のある学生の修学支援体制の整備が急務となってきました。こうした状況を踏まえ、文部科学省は「障害のある学生の修学支援に関する検討会」を開催し、2017（平成29）年3月にその結果を「障害のある学生の修学支援に関する検討会報告（第二次まとめ）」として公表しました。同報告書では、①障害者差別解消法で示された「不当な差別的取扱い」や「合理的配慮」についての大学等における基本的考え方と対処、②教育方法や進学、就職等、主要課題において各大学が取り組むべき内容や留意点等が提言されています。

(2)　視覚障害学生の修学状況と主な支援内容

　高等教育機関への進学率の一般的な増加傾向や、推薦入試・ＡＯ入試など入試方法の多様化、大学側の受け入れ体制の改善等により、視覚障害学生の大学進学者は増加しています。独立行政法人日本学生支援機構の調査によれば、2019（令和元）年5月の時点で、大学、短期大学、高等専門学校で学ぶ視覚障害者の数は887人（盲171人、弱視716人）でした。

　一方、同時期に視覚障害学生が在籍していた機関は、大学253校、短期大学22校、高等専門学校17校であり、平均すると一つの機関に在籍する視覚障害学生は数名程度と、他の障害に比べると非常に少ない割合となっています。実際、「視覚障害学生の受け入れは初めて」「前回視覚障害学生がいた時のことを知るスタッフはほとんどいない」といったケースも度々見られます。そのため大学は、視覚特別支援学校（盲学校）や地域のリハビリテーション施設、点訳組織等の専門機関と連携し、さらには受け入れ実績の豊富な大学からの助言を得ながら、支援体制や具体的な支援内容を調整していくことが必要です。

　上記の調査では、本人から申し出があり、それに対して大学が何らかの支援を行っている障害学生を「支援障害学生」と呼び、障害学生全体に対する支援障害学生の割合（障害学生支援率）を算出しています。それによると、障害学生全体の支援率が約50％である

のに対し、視覚障害学生の支援率は高く（盲学生97.1％、弱視学生66.9％）、特に盲学生はほぼ全てが何らかの支援を受けています。

　大学が提供している支援の内容は多岐にわたりますが、そのうち授業や試験に関係するものとしては、①教材の点訳、拡大、テキストデータ化、②授業担当者に対する配慮依頼文書の配布、③教室内での座席位置配慮、④定期試験等における配慮（時間延長、別室受験、解答方法の配慮、パソコンの持込使用許可等）、⑤実技・実習等における配慮、などがあります。他にも、学習に必要な支援機器類の準備や点字ブロックの敷設、本人を交えた支援会議の開催、就職情報の提供など、様々な対応が行われています。

　なお、視覚障害学生は、専攻する学部・学科等に応じて多くの知識と実践力を身につけ、資格を取得して、視覚障害のない学生と同様に様々な分野での就職を希望しています。実際の進路としては、企業や団体の職員、学校や大学の教員、公務員等が多いようです。しかし、どの分野で働くとしても、大学で支援が必要であるのと同様に、職場でも障害に起因する困難を軽減・解消するための合理的配慮が少なからず必要となります。近年、「障害者の雇用の促進等に関する法律（障害者雇用促進法）」が改正され、事業主に差別の禁止と合理的配慮の提供が義務づけられ、さらには障害者の法定雇用率も引き上げられました。そのような状況を受けて、今後は視覚障害者の職域の拡大と職場での労働環境の改善が一層進んでいくと期待されます。

(3)　大学進学希望者の進路指導

　以上のように、障害のある学生の修学環境は以前に比べると大きく改善しつつあります。しかし一方で、本人が大学進学までに身につけておくことが望ましい力もいくつかあります。表11－3は、全国盲学校長会大学進学支援特別委員会が視覚障害のある大学生および大学院生を対象に行った調査のうち、「高校時代に身につけておくべき力」について学生たちが自由に答えた内容を整理したものです。

　視覚障害学生が大学生活を送る上で直面する最も大きな課題は、文字情報へのアクセスです。教科書、配布資料、試験問題、事務手続きの書類、掲示など、大学には文字情報があふれています。視覚障害のある学生は、電子データの提供、点字・拡大資料の提供といった大学の支援を受けながら、それらにアクセスしています。膨大な文字情報を読みながら学習を進めるためには、表11－3の回答にもあるように、文字（点字・拡大文字など）を一定の速度で読む力、またパソコンやタブレット端末、支援機器、アプリなどを効率的に操作できる力が必要です。

　安全かつ効率的な移動が難しいことも課題の一つです。しかし、公共交通機関の利用などを含めた単独歩行の経験が十分であれば、入学前に通学やキャンパス内の移動に必要な道順を確認する機会を何度か設けることで、視覚障害学生の行動範囲は大きく広がります。また、「危険な場所に点字ブロックを敷設してほしい」「暗くて見えにくい場所に照明

を増やしてほしい」などの要望を大学の支援組織等に申し出ることや、自分で教室やトイレなどの目印を点字や拡大文字で作って貼り付ける、声のかけ方や誘導の仕方を周囲の人たちに分かりやすく伝える、といった働きかけを積極的に行うことも、非常に大切かつ有効です。

　大学では、自分の障害について説明できる力、すなわち何ができて何ができないか、具体的にどのような配慮を依頼したいのかを適切に伝えられる力も求められています。また、一方的に支援をしてもらうのではなく、自らが主体的に関わって支援の輪を広げていくことが期待される側面もあります。表11―3には「自分が他の学生に対して手伝えることを見つけられる力」という回答もあり、良好な友人関係づくりを工夫している様子がうかがえます。すなわち、他者との良好なコミュニケーションをとる力、自分自身が積極的に役割を果たそうとする態度や習慣などを育てておくことも重要であると言えます。

表11―3　「高校時代に身につけておくべき力」に関する主な回答

項　目	回　答
文字情報へのアクセスに関すること	・点字を正確に速く読み書きできる力 ・漢字に関する知識 ・単眼鏡などの視覚補助具に関する知識と、使いこなせる力 ・パソコンや点字ディスプレイ、携帯型点字端末を操作できる技術 ・一般のワープロソフトや表計算ソフト、視覚障害者用のソフトウェアに関する知識
学習内容・方法に関すること	・高校時代に学ぶ教科の基礎学力 ・教科書や参考図書を読んで、内容を理解できる力 ・わかりやすくノートを作成できる力 ・レポートや論文について、レイアウトを含めた書き方に関する知識
移動に関すること	・白杖を用いて単独歩行できる力 ・交通機関を一人で利用できる力
コミュニケーションに関すること	・自分の障害について説明し、配慮を依頼したい内容を適切に伝えられる力 ・積極的に他の学生や教職員とコミュニケーションをとれる力
その他	・掃除、洗濯、料理、身だしなみなど、ＡＤＬの力 ・自分が他の学生に対して手伝えることを見つけられる力 ・視覚障害のある友人とのつながり

出典：全国盲学校長会大学進学支援特別委員会（2017）シリーズ 視覚障害者の大学進学 別冊 視覚障害学生実態調査報告書，p72 より作成

11

キャリア教育・進路指導、高等部専攻科、三療、大学進学

復習問題

1．三療とは何ですか。また、三療業に従事するためには、どのような資格を得る必要がありますか。

2．大学進学を希望する視覚に障害のある生徒の進路指導として、高等部（高等学校）卒業までに、入試に合格するための学力以外にどのような態度や能力を育てることが大切ですか。

【文　献】
1）独立行政法人高齢・障害者雇用支援機構障害者職業総合センター（2009）視覚障害者の雇用拡大のための支援施策に関する研究. https://www.nivr.jeed.or.jp/research/report/houkoku/houkoku91.html
2）独立行政法人日本学生支援機構（2020）令和元年度（2019年度）大学、短期大学及び高等専門学校における障害のある学生の修学支援に関する実態調査結果報告書. https://www.jasso.go.jp/gakusei/tokubetsu_shien/chosa_kenkyu/chosa/2019.html
3）菊島和子（2000）点字で大学：門戸開放を求めて半世紀. 社会福祉法人視覚障害者支援総合センター.
4）厚生労働省社会・援護局障害保健福祉部企画課（2008）平成18年身体障害児・者実態調査結果. http://www.mhlw.go.jp/toukei/saikin/hw/shintai/06/index.html
5）文部科学省（2017）障害のある学生の修学支援に関する検討会報告（第二次まとめ）. https://www.mext.go.jp/b_menu/shingi/chousa/koutou/074/gaiyou/1384405.htm
6）日本理療科教員連盟組織部（2019）平成30年度卒業生実態調査. 日本理療科教員連盟.
7）鈴木正行（2010）視覚障害者をめぐる社会と行政施策：職業選択の変遷を視座にして. 学文社.
8）竹田一則編著（2018）よくわかる！大学における障害学生支援　こんなときどうする？. ジアース教育新社.
9）谷合侑（1998）盲人の歴史. 明石書店.
10）東京教育大学教育学部雑司ヶ谷分校編（1976）視覚障害教育百年のあゆみ. 第一法規出版株式会社.
11）筑波大学附属盲学校編（1996）今日の視覚障害教育. 第一法規出版株式会社.
12）全国盲学校長会（2019）視覚障害教育の現状と課題－平成30年度年報－. 全国盲学校長会.

教材・教具

　ここでは、視覚障害児のために工夫された教材・教具のうち、特に重要なものを紹介します。

▶1．触図（凸図）

⑴　表面作図器（レーズライター）

　ゴム製の下敷きの上に専用のセロハン紙を載せ、表面にボールペンで図を描きます。ボールペンによってセロハン紙にできる「ひっかき傷」を指で触って読む仕組みです。

　教師がその場で簡単な図を描いて説明するのに適しています。また、視覚障害児が自分で墨字を書いたり、作図をしたり、絵を描いたりする場合にも、この器具を用います。

　ただし、複製ができない、面の表現にはあまり向かない等の制約もあります。

　なお、市販の表面作図器は、後に説明する「固定ピン」が深く刺さらないため、作図をする時やグラフを書くときには、表面作図用シリコンラバーとコルクなどの柔らかい板を組み合わせて使います。

図1　表面作図器（レーズライター）

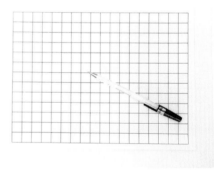

図2　表面作図用グラフ用紙の例

⑵　立体コピー

　発泡剤を塗った特殊な紙（カプセルペーパー）に図を複写し、専用の機械に通すと黒い部分が熱を吸収して発泡し、盛り上がる仕組みです。同じ図を簡単に複数枚作れて便利です。インクの種類によっては、カプセルペーパーに原図を直接手書きすることも可能です。

　ただし、墨字の原図をそのまま複写したのでは、情報量の多さやコントラスト等の問題から触図としては適さないことが多いので、注意が必要です。また、盛り上がった線のエッ

ジが丸みをおびているためシャープな角を表現
しにくい、点間や線間が膨らんでしまうため点
線と実線の区別がつかない、2本の線を太い1
本線に感じてしまうなど、立体コピー特有の限
界もあります。

図3　立体コピー機

(3)　点図

　点字と同じように、紙に点で図を描きます。複雑な図を表すのには限界がありますが、
文字（点字）を図や表の中に入れたいときや、同じページに図と文章を入れたいときに便
利です。

　点字教科書で多く用いられている他、視覚特別支援学校（盲学校）でも、点図作成用の
ソフトと点字プリンタを使って、教材用の様々な点図が作られています。

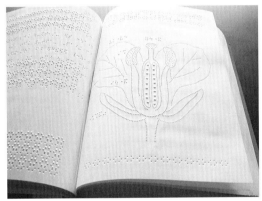

図4　点図の例①：花のつくり。点字出版所で
作成し、点字教科書に掲載
された図。

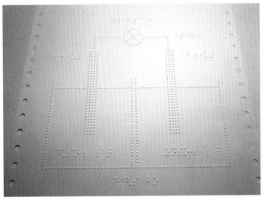

図5　点図の例②：ダニエル電池の模式図。パ
ソコンソフトで描き、市販
の点字プリンタで印刷した
試験問題の図。

(4)　真空成型機（サーモフォーム）

　凹凸のある原版（レリーフ、実物、点字など）にプ
ラスチックシートを被せ、専用の複写機にかけます。
シートを加熱し軟らかくした後、下から真空ポンプで
空気を抜き、シートを原版に密着させて、原版どおり
の凸図を写し取る仕組みです。

　木の葉の形や葉脈、貝殻の模様、点字など、細かな
凹凸を写し取ることができます。

　原版を手作りする場合には、厚紙、凧糸、布、ネッ
トなど様々な素材を使います。作成には大変手間がか

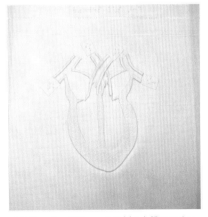

図6　サーモフォームの例：心臓のつくり

資料
1

かりますが、一度作った原版は繰り返し使えます。また、線だけでなく、複数の面を組み合わせて表現することもできるため、生物の教科書に出てくる図など、やや複雑な図を触図化することも可能です。

大型機械のため、学校で使うことはほとんどなくなりましたが、一部の点字教科書では引き続き採用されています。

▶2．算数・数学

(1) ものさし

手で触って目盛りを読み取れるように、目盛りに突起がついています。また、弱視児が見やすいように、白黒反転になっています。

ものさしの左右に余白がないことも、視覚障害児が容易に計測できるように工夫されている点です。

図7　ものさし

(2) 作図セット

三角定規一組、分度器、ぶんまわしのセットです。いずれも、ものさしと同じく、目盛りに突起がついています。また、これらの道具を固定するためのピンも、セットに含まれています。盲児は、この作図セットと表面作図器を使って、自分で図を描くことができます。

三角定規は、二つの定規がかみ合うように工夫されているため、平行線を引くのに便利です。また、定規の角には小さな穴があいており、ここに固定ピンを刺して定規を固定すれば、左手でペン先の動きや定規の目盛を確かめながら線を引くことができます。

分度器の基線が波形になっているのは、線と分度器の基線がぴったり合っているかどうかを手で触って確かめやすくするためです。

ぶんまわし（図の中央上）は、一方の端を固定ピンでとめて円を描く道具で、コンパスの代わりに用います。

図8　作図セット

図9　平行線を引いている様子。基線となる三角定規を固定ピンでとめているので、左手は右側の三角定規だけを軽く押さえ、ペン先の動きを確かめながら線を引いています。

(3) そろばん

点字では筆算ができないため、盲児は計算にそろばんを用います。しかし、通常のそろばんでは珠が簡単に動いてしまい、また、珠が動く幅も小さくて指で読み取るのが困難なため、視覚障害者用のそろばんを使います。

図10　視覚障害者用そろばん

▶3．社会

(1)　点字地図帳

盲児が手で触って学習するための地図帳です。

1枚の地図に県境、山脈、川、線路…と、情報を入れすぎると手で触って内容を読み取ることが難しいため、「地形を知るページ」「県境と主要都市を確認するページ」というように、情報を精選・分割して複雑さを軽減する工夫がなされています。

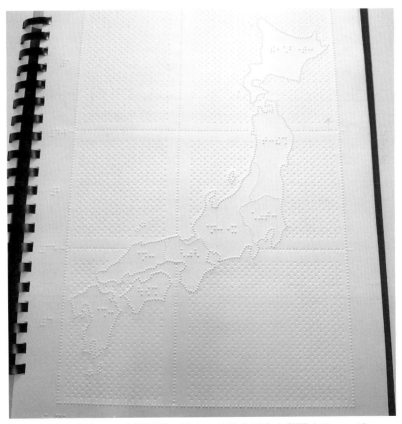

図11　点字の日本地図帳。日本の8地方区分を学習するページ。
出典：日本視覚障害社会科教育研究会監修『基本地図帳　世界と日本のいまを知る』.
社会福祉法人　視覚障害者支援総合センター，2008.

⑵ 弱視者用地図帳

　点字地図帳を参考に、弱視児の見やすさに配慮して編集された地図帳です。「県境や国境、主要都市などを確認するページ」「自然の様子（山脈、河川など）を知るページ」さらに「それらを重ね合わせて全体像を示したページ」から構成されています。

　紙の質や配色、文字の大きさやフォント、配置など、様々な工夫がなされています。

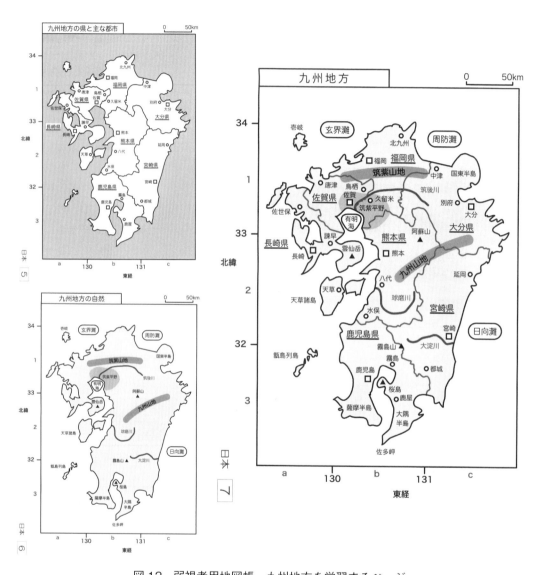

図 12　弱視者用地図帳。九州地方を学習するページ。
出典：日本視覚障害社会科教育研究会編『みんなの地図帳〜見やすい・使いやすい〜』. 帝国書院, 2019.

(3) 立体地球儀

　海と陸地、平野と山脈などが触って区別できるように、立体的に作られています。

図13　立体地球儀

▶ 4．理科

(1) 感光器

　光の強弱を音の高低で表す器具で、理科の実験や観察の様々な場面で用います。

　例えば水溶液の色を比較する場合、透明な水は光を通すので高い音で、一方濁った水は光を通しにくいので透明な水よりも低い音で知らせます。

図14　感光器

資料2
視覚障害教育関連年表

1784	アユイ、パリに盲院創設、18世紀末からヨーロッパ各地に盲院創設。
1825	ブライユ、点字を完成。
1837	ハウ、ボストンで盲聾唖児の教育に成功。
1866	福沢諭吉、「西洋事情」で唖院、盲院、痴児院等を紹介。
1871	山尾庸三、盲学校・聾学校に関する建白書を太政官に提出。 太政官布告により当道座等の盲人保護の慣行が廃止。
1872	学制頒布。
1875	宣教師のフォールズら、盲学校創設のために東京で楽善会を結成。
1878	古河（川）太四郎、京都に盲唖院設立。
1880	東京の楽善会訓盲院で授業開始。 教育令改正公布、就学義務を強化。
1885	楽善会訓盲院、文部省へ移管。
1886	小学校令公布、義務教育制度確立、障害児等の就学猶予を規定。
1899	東京盲唖学校長小西信八、盲聾分離についての意見書を文部大臣に提出。
1901	石川倉次翻案の「日本訓盲点字」が官報に掲載。
1906	古河（川）太四郎、鳥居嘉三郎、小西信八、文部大臣に府県立の盲・聾唖学校の設置準則について建議。
1907	文部省訓令第六号、各府県師範学校附属小学校に障害児の特別学級設置を奨励。 第1回全国盲唖学校教員会が開催され、盲唖教育令の公布、盲聾教育の義務制・分離等を文部省に建議。
1909	文部省、東京盲唖学校を分離し、東京盲学校を設置。
1914	石井重次郎（松声）が点字による箏曲の楽譜を考案。
1923	盲学校及聾唖学校令公布。
1925	点字投票に関する事項が衆議院議員選挙法の中に組み込まれ、点字での投票が正式に認められる。
1927	文部省図書局内に盲学校教科用図書調査委員会を設置。
1928	文部省、盲学校教科書編纂委員会を発足。
1929	最初の文部省著作点字教科書「盲学校初等部国語読本」第1学年用（甲種、乙種）が大阪毎日新聞社から発行される（1934年9月までに全学年完成）
1933	日本眼科医師会、弱視学級設立について内務・文部大臣・東京市長等に建議。 我が国最初の弱視学級誕生（東京市南山尋常小学校）。
1938	教育審議会が盲聾教育義務制の必要を答申。

1940	日本盲人図書館設立（本間一夫、日本点字図書館の前身）。
1941	国民学校令制定により、障害児の養護学校・学級の編成が認められる。
1946	米国教育使節団報告書で特殊教育の必要性を強調。 教育刷新委員会で障害児教育の義務制を論議、翌年に追加建議。 日本国憲法で教育を受ける権利を規定。
1947	教育基本法、学校教育法公布。 学校教育法施行規則（文部省令）。
1948	盲学校・聾学校の義務制、学年進行により実施。 中学校の就学義務並びに盲学校及び聾学校の就学義務及び設置義務に関する政令。
1949	「教育職員免許法」が公布され、盲・聾・養護学校教諭免許状が規定される。
1950	盲学校及び聾学校の就学義務に関する政令。 山梨県立盲学校、盲聾児の教育を開始。
1951	東京教育大学教育学部、特殊教育学科設置。
1953	文部省、教育上特別な取扱いを要する児童生徒の判別基準について通知。 中央教育審議会、「義務教育に関する答申」で特殊教育の振興について答申。
1954	盲学校・聾学校及び養護学校への就学奨励に関する法律の制定。これにより、義務教育 段階の点字教科書が就学奨励費で支給されることになり、無償となる。 盲学校中学部への就学義務制発足。
1956	就学奨励に関する法律の一部改正。これにより高等部の点字教科書が無償となる。
1957	盲学校・聾学校学習指導要領小・中学部一般編を通達。
1960	「盲学校高等部学習指導要領（一般編）」が文部事務次官通達で示される。
1962	「学校教育法施行令の一部を改正する政令」が制定される（盲学校の対象となる盲者、 弱視者の基準制定）。
1963	大阪市立本田小学校に戦後初の弱視学級設置。 義務教育諸学校の教科用図書の無償借置に関する法律公布。
1964	「盲学校学習指導要領小学部編」が告示される。 特別児童扶養手当等の支給に関する法律。
1965	「盲学校学習指導要領中学部編」が告示される。
1966	「盲学校学習指導要領高等部編」が告示される。 文部省、「盲学校理科実験と観察（盲児童生徒編）」を発行。 第1回理学療法士・作業療法士国家試験が実施される。 「盲学校及び聾学校の高等部の学科を定める省令」が公布される。
1968	大阪市立本田小学校弱視学級に弱視児が失明後も在籍（我が国初の盲児の統合教育事例）。
1969	全国盲学校普通教育連絡協議会（普連協）が結成される。 文部省が小・中学校へ弱視学級の計画的な設置を開始する。
1971	盲・聾・養護学校小学部学習指導要領改訂により「養護・訓練」導入（中学部は72年、 高等部は73年） 中央教育審議会、「今後における学校教育の総合的な設備拡充のための基本的施策につ いて」答申。これにより特殊教育の振興を図るため文部省により特殊教育拡充整備計画 が策定され、養護学校の拡充、特殊学級の増設等が進められる。

資料
2

1972	「盲学校、聾学校及び養護学校の高等部の学科を定める省令」（1966年公布）、改正。教育課程審議会、「盲学校・聾学校・養護学校高等部の教育課程の改善について」答申。高等部本科に普通科を設置すること、これまで本科にあった理療科は専攻科に置くことなどが示される。
1973	全国の盲学校の高等部本科に普通科が設置される。高等部学習指導要領に「養護・訓練」が加えられる。
1975	公立小学校に5人の盲児（埼玉県3人、東京都2人。後に小2で失明した1名が加わり6名になった）が入学し、盲教育関係者の間で「統合教育元年」と位置づけられる。
1979	大学入試の共通1次学力試験において、点字受験と1.5倍の時間延長が認められる。養護学校義務制実施。「盲学校、聾学校及び養護学校小学部・中学部学習指導要領」改訂。「盲学校、聾学校及び養護学校高等部学習指導要領」改訂。従来の学校種別の学習指導要領が一体化される。
1983	「国連障害者の10年」が始まる。
1988	「あん摩マッサージ指圧師、はり師、きゅう師等に関する法律の一部を改正する法律」（あはき法）が公布される（翌年4月1日施行）。これにより各都道府県知事によって実施されていたあん摩マッサージ指圧師試験、はり師試験又はきゅう師試験は、厚生労働大臣が実施する国家試験に改められる。
1989	「盲学校、聾学校及び養護学校小学部・中学部学習指導要領」及び「盲学校、聾学校及び養護学校高等部学習指導要領」改訂。「盲学校、聾学校及び養護学校幼稚部教育要領」が制定される。
1992	「あはき国家試験実施要領」が告示される。
1993	国際連合総会で障害者の機会均等化に関する標準規則採択。第1回あはき国家試験が実施される。文部省が通級による指導の制度を発足させる。
1999	特殊教育諸学校幼稚部教育要領、小学部・中学部・高等部学習指導要領改訂、「養護・訓練」が「自立活動」に改められる。
2001	文部科学省「21世紀の特殊教育の在り方について～1人1人のニーズに応じた特別な支援の在り方について～（最終報告）」。特殊教育課を特別支援教育課に名称変更。
2002	文部科学省、「学校教育法施行令の一部を改正する政令」及び「障害のある児童生徒について（通知）」により、就学基準を改め、障害児の小・中学校への就学手続きを弾力化。「視覚に障害のある児童生徒に対する「拡大教科書」の無償給与実施要領」により、小中学校に在籍する視覚障害児の拡大教科書、点字教科書が無償になる。
2003	文部科学省「今後の特別支援教育の在り方について（最終報告）」。
2005	中央教育審議会、「特別支援教育を推進するための制度の在り方について（答申）」で、盲・聾・養護学校の特別支援学校への一本化、特殊学級の在り方や教員免許の制度的見直しを提言。
2006	文部科学省、「学校教育法施行規則の一部改正等について（通知）」により、LDなどの児童生徒を通級による指導の対象とする。第61回国連総会において「障害のある人の権利に関する条約」が採択される。「学校教育法等の一部を改正する法律」公布により、特別支援学校の役割、特別支援学校教員免許状の授与要件を規定。教育基本法改正。

2007	文部科学省、「特別支援教育の推進について」通知。特別支援教育制度発足。 教育職員免許法一部改正（4月1日）施行。これにより、盲学校、聾学校、養護学校の教員免許状は特別支援学校の教員免許状に一本化。免許を取得する全ての者が視覚障害教育については少なくとも1単位分学ぶことが必修になる。
2008	幼稚園教育要領、小学校・中学校学習指導要領改訂。 「障害のある児童及び生徒のための教科用特定図書等の普及の促進等に関する法律等の施行について」（文部科学省初等中等教育局長通知）。
2009	特別支援学校幼稚部教育要領、小学部・中学部・高等部学習指導要領の改訂。 障害の重度・重複化、多様化への対応と個々に応じた指導の充実、障害のある子どもと障害のない子どもとの交流及び共同学習を計画的・組織的に行うことなどが規定された。
2012	中央教育審議会、「共生社会の形成に向けたインクルーシブ教育システム構築のための特別支援教育の推進（報告）」で、インクルーシブ教育システムの構築、就学相談と就学先決定の仕組み、合理的配慮及びその基礎となる環境整備、多様な学びの場の整備と学校間連携等の推進、教職員の専門性向上等を提言。
2013	「障害を理由とする差別の解消の推進に関する法律」（障害者差別解消法）が制定される（一部の附則を除き平成28年4月1日施行）。国や自治体に対し、障害者の差別的取扱いの禁止や合理的配慮の提供が義務として課せられる。 学校教育法施行令一部改正。これにより、本人・保護者の意見を最大限に尊重した就学先の決定、支援環境の整備等が求められることとなる。
2014	1月に日本が「障害のある人の権利に関する条約」を批准。2月に条約発効。
2017	幼稚園教育要領、小学校・中学校学習指導要領改訂。 特別支援学校幼稚部教育要領、小学部・中学部学習指導要領改訂。
2019	特別支援学校高等部学習指導要領改訂。障害のある子どもたちの学びの場の柔軟な選択を踏まえ、幼・小・中・高等学校の教育課程との連続性が重視されたほか、障害の重度・重複化、多様化への対応と卒業後の自立と社会参加に向け、更なる充実が図られた。

資料2

索引

▶タ行

≪執筆者一覧≫

＜編著者＞

青柳まゆみ（あおやぎ　まゆみ）3章、4章、10章、11章3節、コラム5、資料1
　　愛知教育大学特別支援教育講座　准教授　修士（心身障害学）
　　● （分担執筆）『新しい教職教育講座　教職教育編5　特別支援教育』ミネルヴァ書房、
　　　2019.
　　● （監修）『みんなで考えよう障がい者の気持ち　第1巻視覚障がい』学研教育出版、2010.

鳥山　由子（とりやま　よしこ）7章、8章、9章、コラム2、コラム3
　　筑波大学大学院人間総合科学研究科 元教授　博士（心身障害学）
　　● （編著）『障害学生支援入門―誰もが輝くキャンパスを―』ジアース教育新社、2011.
　　● （編著）『視覚障害指導法の理論と実際』ジアース教育新社、2007.

＜分担執筆者＞

永井　伸幸（ながい　のぶゆき）1章、2章、コラム1、コラム4
　　宮城教育大学特別支援教育講座　准教授　修士（心身障害学）

半田こづえ（はんだ　こづえ）6章、コラム2
　　明治学院大学社会学部社会福祉学科　非常勤講師　博士（芸術学）

宮内　久絵（みやうち　ひさえ）11章1―2節、資料2
　　筑波大学人間系　助教　博士（障害科学）

森　　まゆ（もり　まゆ）5章
　　広島大学大学院人間社会科学研究科　講師　博士（障害科学）

表紙デザイン　小笠原　准子（アトム☆スタジオ）

新・視覚障害教育入門

2020 年 9 月 10 日　初版 1 刷発行
2021 年 3 月 19 日　初版 2 刷発行
2021 年 8 月 10 日　初版 3 刷発行
2022 年 9 月 3 日　初版 4 刷発行
2024 年 2 月 1 日　初版 5 刷発行

編　著　青柳まゆみ・鳥山由子
発行者　加藤　勝博
発行所　株式会社ジアース教育新社
　　　　〒 101-0054　東京都千代田区神田錦町 1-23 宗保第 2 ビル
　　　　Ｔｅｌ.03-5282-7183
　　　　Fax.03-5282-7892
　　　　E-mail：info@kyoikushinsha.co.jp
　　　　URL：http://www.kyoikushinsha.co.jp

印　刷　株式会社 創新社

Printed in Japan
ISBN978-4-86371-533-2

●本書の内容に関する問い合わせは、下記のメールアドレスまでご
　連絡ください。
＜メールアドレス＞
info@kyoikushinsha.co.jp

●テキストデータのご提供について

　視覚障害、肢体不自由、その他の理由により本書をお読みになれ
ない方へ、本書のテキストデータを CD-ROM で提供いたします。
お名前・ご住所・電話番号を記載した連絡票と 200 円分の切手、本
ページ左下のテキストデータ引換チップ（複写不可）を同封し、下
記の住所までご郵送ください。

＜宛　先＞
　〒 101-0054
　東京都千代田区神田錦町 1 － 23　宗保第 2 ビル
　㈱ジアース教育新社　編集部
　『新・視覚障害教育入門』テキストデータ係

テキストデータ
新・視覚障害教育入門
引　換　券　　5 刷